Kleines Lexikon
der juristischen Kuriositäten
und Rekorde

Norbert Kollmer

Kleines Lexikon der juristischen Kuriositäten und Rekorde

EICHBORNS SCHRÄGE BÜCHER

Gewidmet meinen Eltern,
Irene und Dr. German Kollmer

2   3   4   5   05   04   03   02

© Eichborn AG, Frankfurt am Main, August 2002
Lektorat: Oliver Thomas Domzalski
Redaktion: Simon Schneider
Umschlaggestaltung: Irma Schick
Reihenkonzeption: Moni Port
Satz: Fuldaer Verlagsagentur, Fulda
Druck und Bindung: Clausen & Bosse, Leck
ISBN 3-8218-3757-8

Verlagsverzeichnis schickt gern:
Eichborn Verlag, Kaiserstr. 66,
D – 60329 Frankfurt am Main
www.eichborn.de

Inhalt

   7 Vorwort
   9 Gebrauchsanweisung

 11 §1 Superlative des Zivilrechts
 61 §2 Strafrechtliche Rekorde
103 §3 Öffentlich-rechtliche Absonderlichkeiten
127 §4 Sternstunden der Gerichtsbarkeit
157 §5 Verrückte Vorschriften
177 §6 Die stärksten Zitate

185 Schlusswort
187 Literaturverzeichnis

Vorwort

Schneller, höher, weiter – immer schon haben sich die Menschen für Extreme und für erstaunliche Tatsachen interessiert. Der größte Mensch, die älteste Pflanze, die höchste Bevölkerungsdichte. So verwundert es nicht, dass die *Guinness Buch der Rekorde*-Reihe nicht nur einen Verkaufs-, sondern auch einen strafrechtlichen Rekord aufgestellt hat: Von allen Büchern in öffentlichen Bibliotheken werden diese Exemplare am häufigsten gestohlen.*

Aber die Welt der Juristerei hält noch eine ganze Reihe weiterer erstaunlicher und faszinierender Superlative bereit. Der Beweis soll mit diesem Büchlein erbracht werden. Es untersucht das Zivilrecht, das öffentliche Recht und das Strafrecht vorrangig unter dem Gesichtspunkt der Rekordfindung. Die Suche nach Superlativen hat dabei notwendigerweise eine objektive und eine subjektive Seite. Manche juristischen Rekorde sind objektiv messbar (z.B. der »kürzeste Rechtssatz«), manche wiederum beruhen auf subjektiven Wertungen des Autors (»Die am schwersten verständliche Stelle der juristischen Fachliteratur«).

So lässt sich beispielsweise der kürzeste Verfassungssatz sehr gut ausfindig machen (»Eigentum verpflichtet.«), da es hier einen objektiven Maßstab gibt, nämlich die Buchstabenzahl. Auf der Suche nach dem dümmsten Versicherungsbetrüger (*Er hämmerte viereckige Beulen in sein Auto, um bei seiner Versicherungsgesellschaft einen Hagelschaden geltend zu machen – blöderweise auch noch von innen nach außen*) muss sich der Autor auf sein menschliches Ermessen und seine juristische Selektionsgabe verlassen. Die eine oder andere Ungenauigkeit bei der Findung so mancher der nachfolgend zitierten »subjektiven Rekorde« möge mir der Leser beim Studium der *Rechtssuperlativologie* bitte verzeihen.

* Vgl. *Haefs*, Handbuch des nutzlosen Wissens, 5. Auflage 1990, S.75.

Eine zweite Intention dieses Lexikons ist die Darstellung der einen oder anderen Kuriosität, Schrulligkeit oder Begebenheit, die geradezu nach Veröffentlichung schreit. So zum Beispiel der in Bremen verfassungsrechtlich garantierte Urlaubsanspruch in Höhe von sage und schreibe zwölf Tagen, das bayerische Delikt der Skiunfallflucht, die Tatsache, dass es rund 500 juristische Fachzeitschriften im deutschsprachigen Raum gibt, sowie der Fakt, dass es in diesem Land theoretisch möglich ist, wegen versuchten Mordes zu 250 Euro Geldstrafe verurteilt zu werden (wenn nur die Rahmenbedingungen stimmen, dazu später). Aber auch die Bestimmung, nach der es in *Daytona Beach (Florida)* verboten ist, öffentliche Mülleimer sexuell zu belästigen, fällt in diese Kategorie.

Dies ist kein juristisches Lehrbuch und auch keine tief greifende wissenschaftliche Abhandlung. Sollte eine juristische Fakultät dennoch Interesse haben, dieses Buch als Habilitationsschrift anzunehmen – nur zu: ich schicke Ihnen gerne ein Exemplar und rufe zurück! Aber da mich während meiner Recherchen die häufig fehlenden Quellenangaben superlativisch irritiert haben, wollte ich dem Ganzen doch einen gewissen wissenschaftlichen Anstrich verleihen; daher wurden die Quellen der Zitate, wo immer möglich, angegeben.

Aber nun: Viel Vergnügen!

Anregungen und Kritik nehme ich gerne unter norbert.kollmer@gmx.de entgegen.

Freising, Winter/Frühjahr 2002
Dr. jur. Norbert Franz Kollmer

Gebrauchsanweisung

»*Warum*«, so fragen Sie sich jetzt, »habe ich *dieses* Buch eigentlich gekauft?«

Nun, als Autor könnte ich Sie eigentlich mit dem Problem alleine lassen. Schließlich haben Sie *es* ja bereits erworben. Andererseits bin ich Ihnen natürlich dankbar, dass Sie (bzw. der Mensch, der Sie beschenkt hat) das sauer verdiente Geld in ein *Lexikon* aus der renommierten Reihe *Eichborns Schräge Bücher* investiert haben.

Lassen Sie mich also erklären, warum diese soeben getätigte Investition mindestens genauso sinnvoll ist wie der Kauf einer ebenso teuren Energiespar-Glühbirne (die möglicherweise noch beim Auspacken Ihrer Einkäufe herunterfällt und kaputt geht, was mit diesem Buch sicherlich nicht so leicht geschieht), das Bestellen zweier schlecht eingeschenkter Maß Bier oder das Durchschlagen einer halben Tennisbesaitung.

Erstens: Sie können dieses Büchlein einfach nur so **zum Vergnügen lesen**.

Zweitens: Sie können dem Sammeltrieb frönen und es **einfach nur sammeln**, um es dann mit den anderen Werken aus der bekannten Reihe abzulegen oder aufzustellen.

Drittens: Sie können es **verschenken**. Am besten Sie kaufen sich selbst eines und verschenken ein weiteres. Es wieder in Folie einzuschweißen ist nämlich furchtbar umständlich.

Viertens: Sie sind **Bibliothekar(in)** und kaufen den Band, um gleich mehrere Generationen von Leihlesern zu erfreuen (bitte sichern Sie es gut).

Fünftens und wichtigstens aber: Sie können einzelne Passagen des Buches (zumindest sinngemäß) **auswendig lernen** und bei Empfängen, Partys und sonstigen Anlässen **zitieren**. Machen Sie sich einen **Stichwortzettel**, kleben Sie diesen auf Ihre Handinnenfläche und ziehen Sie die Register im richtigen Moment! Der Vorteil: Sie beeindrucken (oder erstaunen zumindest) Ihr Gegenüber garantiert; sollte dieser Ihnen keinen Glauben schenken oder zweifeln – verweisen Sie einfach auf *»das Buch«*.

Viel Glück!

§ 1
Superlative des Zivilrechts

Abfindung: *Die höchste Abstandszahlung*
Insgesamt rund 55 Mio. Euro erhielt *F. Ross Johnson* im Februar 1989 bei seinem Ausscheiden aus dem Vorstand des Lebensmittelkonzerns *RJR Nabisco*. Dabei dürfte es sich um die bisher höchste Abfindung handeln, die je in der Wirtschaftsgeschichte bezahlt wurde.
Vgl. *Guinnessbuch der Rekorde*, 2001, S. 50.

Abstraktionsprinzip: *Irrtum über die Herkunft*
Irrtümlicherweise wird angenommen, dass die Römer das *Abstraktionsprinzip,* also die Trennung zwischen Verpflichtungsgeschäft (d. h. die erst einmal formell wirkende schuldrechtliche Verpflichtung, die z.B. beim Abschluss eines Kaufvertrages eingegangen wird) und Verfügungsgeschäft (also der tatsächliche Weitergabeakt betreffend das Eigentum, z.B. die Übereignung der Ware per Aushändigung) erfunden haben. In Wahrheit geht der Grundsatz auf den deutschen Rechtswissenschaftler *Savigny* zurück. Das Abstraktionsprinzip führt unter anderem zu dem interessanten Ergebnis, dass zwar der Kauf eines Harems sittenwidrig (also nichtig) wäre, nicht aber dessen Übereignung (ohne Inhalt natürlich). Die Inder kannten übrigens bereits vor 4000 Jahren das Abstraktionsprinzip und das Besitzkonstitut (d.h. Verfügung auf ohne eigenhändige Übertragung der tatsächlichen Verfügungsgewalt, sondern durch differenziert rechtlich definierten Ersatzakt) bei der unselbständigen Eigentumsübertragung.
Vgl. *Teubner*, Teubner's satirisches Rechtswörterbuch, S. 5 mit weiterem Verweis auf Literatur von *Savigny*.

Altanwalt: *Der älteste aktive Anwalt*
Cornelius van de Steg (1889–1994) aus *Perry* (Iowa, USA) war noch bis April 1991, also bis zum Alter von 101 Jahren und 11 Monaten, anwaltlich tätig.
Vgl. *Das neue Guinnessbuch der Rekorde*, 1995, S. 225.

Altertum: *Die ältesten Justizgesetze*
Das *älteste* uns bekannte Gesetzbuch stammt aus der dritten Dynastie von Ur (heutiger Irak). Es handelt sich um die *Justizgesetze* von König Ur-Hammu, die etwa aus dem Jahre 2110 v. Chr. datieren.
Vgl. *Guinness Book of World Records,* 1991, S. 544.

Änderungen: *Das am häufigsten geänderte Rechtsgebiet*
Die häufigsten Änderungen des Bürgerlichen Gesetzbuches gegenüber dem ursprünglichen Zustand finden sich im *Familienrecht*. An zweiter Stelle stehen die Änderungen im Schuldrecht, die überwiegend Vorschriften des besonderen Teils betreffen (z.B. Reisevertragsrecht). Die anderen drei Bücher des BGB sind dagegen im Wesentlichen in ihrer ursprünglichen Fassung erhalten geblieben.

Angebot: *Das »Sonderangebot« ist kein Angebot*
Ein weit verbreiteter Irrtum ist die Annahme, das *Angebot* eines Warenhauses sei – rechtlich betrachtet – ein Angebot des Verkäufers, das vom Käufer angenommen werden kann. Vielmehr handelt es sich um eine sog. *invitatio ad offerendum,* also um die Aufforderung zur Abgabe eines Angebots durch den Kunden. Auch dessen sollte sich der Kunde bewusst sein, wenn er, zumal seit dem Wegfall des Rabattgesetzes, um den Preis feilscht.

Anschaulich: *Verständlichste Darstellung des BGB*
Paul Lobe hat um die Jahrhundertwende die zwei *anschaulichsten Darstellungen* zum Bürgerlichen Gesetzbuch (das damals gerade erschienen war) herausgegeben. Zum einen handelt es sich um das im Jahre 1900 erschienene Buch *»Plaudereien über das neue Recht«,* das aus 42 Dialogen besteht. Hauptfiguren sind ein Schuldirektor, ein Amtsrichter, ein Arzt, ein Kaufmann, ein Apotheker und ein Pastor, die sich regelmäßig zum Stammtisch treffen. Der Amtsrichter erklärt in dem Band den versam-

melten Honoratioren das damals gerade neu in Kraft getretene Bürgerliche Gesetzbuch. Diese 42 Dialoge werden als eine der verständlichsten Darstellungen des BGB überhaupt gepriesen. Als Beispiel soll der Dialog zu § 676 BGB (Auftragsverhältnis) dienen. Die Herren Honoratioren spielen gerade Skat (*Lobe*, s.u., S. 531):

»*Jetzt gebe ich Ihnen aber den Auftrag, Herr Amtsrichter, Karten zu geben. Oder wäre das kein Auftrag? – Ich halte das mehr für einen Rat, mein verehrter Herr Doktor, erwidert der Amtsrichter. Bin ich überhaupt am Geben? – Sonst müßte ich wohl für den falschen Rat haften? fragt der Arzt lachend. – Nein, sagt der Amtsrichter, wer einem anderen einen Rat gibt oder eine Empfehlung erteilt, ist zum Ersatz des aus der Befolgung des Rates oder der Empfehlung entstandenen Schadens nicht verpflichtet (§ 676 BGB)!*«

Ebenfalls sehr anschaulich ist zum anderen *Lobes* Buch »*Neue deutsche Rechtssprichwörter*«, in dem er Vorschriften des BGB in Reimform darstellt.

Vgl. *Lobe*, Plaudereien über das neue Recht, Leipzig, 1900.

Arbeitsgericht: *Irrtum über die paritätische Besetzung*
Ein weit verbreiteter *Irrtum* ist die Annahme, die Kammer eines *Arbeitsgerichts* in erster Instanz (ein Berufsrichter und zwei Laienrichter) sei absolut paritätisch mit Arbeitnehmer- und Arbeitgebervertretern besetzt, also einem hauptberuflichen Richter am Arbeitsgericht, einem Vertreter der Arbeitnehmerschaft und einem Vertreter der Arbeitgeber. Sieht man nämlich den Vorsitzenden Richter, der ja kein Unternehmer, sondern vielmehr Besoldungsempfänger ist, auch als Arbeitnehmer, so ist das Arbeitsgericht 2:1 zugunsten der Arbeitnehmerseite vertreten.

Arbeitskampf: *Am wenigsten reguliertes Rechtsgebiet*
Obwohl Gegenstand tausender und abertausender Abhandlungen und Gerichtsurteile, ist das *Arbeitskampfrecht*

(Streik und Aussperrung) gesetzlich nicht geregelt. Es ist in Artikel 9 Abs. 3 des Grundgesetzes lediglich *erwähnt*. Dort heißt es:
»Das Recht, zur Wahrung und Förderung der Arbeits- und Wirtschaftsbedingungen Vereinigungen zu bilden, ist für jedermann und für alle Berufe gewährleistet. Abreden, die dieses Recht einschränken oder zu behindern versuchen, sind nichtig, hierauf gerichtete Maßnahmen sind rechtswidrig.«

Arbeitsvertrag: *Die frühestmögliche Arbeitsvertragsverletzung*
Der *frühestmögliche* Zeitpunkt für eine arbeitsvertragliche Vertragsverletzung ist der Nichtantritt zur Arbeit.

Arbeitsvertragsrecht: *Mut zur Lücke in der Ursprungsfassung des BGB*
Das Bürgerliche Gesetzbuch enthielt zum Zeitpunkt seines Inkrafttretens keine einzige Vorschrift über den *Arbeitsvertrag*.

Beischläfer: *Der gemütlichste Zivilrichterposten*
Der (dritte) *beisitzende* Richter einer Kammer am Landgericht (Besetzung mit drei Berufsrichtern) ist weder Vorsitzender noch ist er mit der Berichterstattung oder mit dem Sachvortrag beauftragt; letztere Aufgabe erfüllt schließlich der zweite (beisitzende) Richter. Dieser dritte Beisitzer wird deshalb im richterlichen Jargon gerne »Beischläfer« genannt.
Vgl. *Teubner*, Teubner's satirisches Rechtswörterbuch, S. 19.

Bekloppte: *Unrealistische Schuldrechtskonstellation (»Die drei Bekloppten«)*
Die wohl *unrealistischste Konstellation im Schuldrecht* regelt § 267 Abs. 2 BGB. Im Juristenjargon wird diese Vorschrift – nicht zu Unrecht – *»Die drei Bekloppten«* genannt. In der besagten Vorschrift geht es grundsätzlich um die Leistung (= Abgeltung) einer Schuld durch einen Dritten

und um die Frage, ob der Gläubiger einer Schuld diese Abgeltung von anderer Seite akzeptieren muss. Die Situation, die § 267 Abs. 2 voraussetzt, ist im Wesentlichen folgende: Zwischen dem Schuldner und dem Gläubiger besteht ein Rechtsverhältnis, aus dem der Gläubiger vom Schuldner eine bestimmte Leistung fordern kann, z.B. die Bezahlung eines vom Händler bereits ausgelieferten und installierten Computers. Nun bietet ein Dritter (z.B. der Vater des Computer-Käufers) dem Gläubiger an, für den Schuldner (Käufer, Sohn) zu leisten. § 267 Abs. 2 geht nun davon aus, dass:

a) der Dritte an den Gläubiger für den Schuldner leisten will (der »erste Bekloppte«, hier der Vater des PC-begeisterten, aber nicht liquiden Sprösslings),
b) der Schuldner diese Leistung des Dritten ablehnt (der »zweite Bekloppte«, also der Sohn, der weder möchte, dass sein Vater für ihn die Rechnung begleicht, noch, dass der Gläubiger das Geld des Vaters annimmt) und
c) der Gläubiger dem Ganzen auch noch widerspricht (der »dritte Bekloppte«, also der Computerhändler, der das Geld des Vaters des Jungkunden nicht annehmen will).

Diese Konstellation kommt in der Realität so gut wie nie vor. Denn: Welcher vernünftige Dritte will schon freiwillig für einen anderen leisten, um diesen von einer Verbindlichkeit zu befreien? Und: Sollte dieser Fall, z.B. auf Grund einer familiären oder freundschaftlichen Verbindung nun doch einmal vorkommen, stellt sich die Frage: Welcher einigermaßen einsichtsfähige Schuldner würde dieses Angebot auch noch ausschlagen? Und welcher – auch nur halbwegs im Vollbesitz seiner geistigen Kräfte und bei Trost befindliche – Gläubiger widerspricht dem dann auch noch zu guter Letzt?

Vgl. *www.juraservice.de/recht/informativ/kurioses_zivilr.htm.*

Bereicherungsrecht: *Die deplatziertesten bereicherungsrechtlichen Vorschriften*

Nur etwas für Spezialisten: Die Leistungskondition nach § 812 Abs. 1 BGB gehört eigentlich ins Vertragsrecht, die Eingriffskondition eigentlich ins Deliktsrecht. (Den Unterschied zwischen Eingriffs- und Leistungskondition zu erklären, würde mehrere Seiten in Anspruch nehmen. Der Autor bittet daher den Leser um Verständnis, wenn er auf nähere Ausführungen verzichtet.)

Berliner Testament: *Die für Ehefrauen günstigste Testamentsform*

Das sog. *Berliner Testament*, bei dem Ehegatten sich zunächst gegenseitig zu Alleinerben einsetzen, wird von Ehefrauen favorisiert. Der vermutliche Grund: Frauen haben statistisch betrachtet eine längere Lebenserwartung als Männer.

Beruf: *Frauen mussten ihren Mann bis 1957 um Genehmigung bitten*

Bis zum Jahre 1957 war einer Frau in Deutschland jede Berufstätigkeit verboten, es sei den, ihr Mann erlaubte

»Frauen kämpfen für den 10-Stunden-Tag.« Quelle: *Bundesminister für Arbeit und Sozialordnung*, Es begann in Berlin – Deutsche Sozialgeschichte, S. 81.

sie ihr. § 1358 BGB in der damaligen Fassung bestimmte nämlich:
»Hat sich die Frau einem Dritten gegenüber zu einer von ihr in Person zu bewirkenden Leistung verpflichtet, so kann der Mann das Rechtsverhältnis ohne Einhaltung einer Kündigungsfrist kündigen, wenn er auf seinen Antrag von dem Vormundschaftsgericht dazu ermächtigt worden ist. Das Vormundschaftsgericht hat die Ermächtigung zu erteilen, wenn sich ergibt, daß die Tätigkeit der Frau die ehelichen Interessen beeinträchtigt.«

Besitz und Eigentum: *Artenvielfalt*

Der *Besitz* ist die tatsächliche Sachherrschaft einer Person über eine Sache (abzugrenzen vom Eigentum). Das BGB kennt folgende Besitzarten:

Eigenbesitz, Fremdbesitz, unmittelbarer und mittelbarer Besitz, Vollbesitz, Teilbesitz, Alleinbesitz, Mitbesitz, Rechtsbesitz und Sachbesitz;
hiervon abzugrenzen ist die Besitzdienerschaft (kein Eigenbesitz, sondern Sachherrschaft stellvertretend für den Besitzer).
Zu nennen ist hier auch noch der Besitz kraft Erbschaft, von dem man unter Umständen gar nichts weiß.
Nicht zu vergessen sind schließlich die kombinierten Besitzmöglichkeiten, z.B. der mittelbare Rechtsbesitz, der Teilmitbesitz, der mittelbare Fremdbesitz etc.

Die merkwürdigste und besitzrechtlich unsystematischste Besitzvorschrift im Sachenrecht lautet:

»Der Besitz geht auf den Erben über« (§ 857 BGB).

Diese Vorschrift durchbricht ausnahms- und eigenartigerweise den Rechtsgrundsatz, dass Voraussetzung für den Besitz einer Sache die Sachherrschaft (und damit der Besitzwille über diese) ist. Da fragt man sich als dogmatisch denkender Verwaltungsjurist natürlich, wozu der Gesetzgeber beim Besitzbegriff derart an der natürlichen Sachherrschaft und dem Besitzwillen »hängt«, wenn er dann den ahnungslosen Erben einfach zum bewusst Besitzenden fingiert, ob dieser das will bzw. weiß oder nicht.

Der *Eigentumserwerb*, der vom Besitzerwerb abzugrenzen ist, ist übrigens auf drei Arten möglich: Erwerb durch Rechtsgeschäft, Erwerb kraft Gesetzes und Erwerb kraft Staatsakts. Der Verlust des Eigentums ist ebenfalls auf drei Arten möglich: durch Erwerb eines anderen, und durch Herrenloswerden oder durch Untergang der Sache.

Bestandskraft: *Die geschwollenste Formulierung für einen einfachen Rechtsgedanken*

Auch falsche Urteile haben Bestand. *Ungerechtigkeit muss sein, sonst kommt man zu keinem Ende.* Diese Redensart ist, in einfachen Worten, die Begründung dafür, warum auch materiell und formal unrichtige Urteile von der Wirkung der sog. »Rechtskraft« gedeckt sind. Etwas geschwollener kann man diese schlichte Weisheit auch wie folgt formulieren:

»Wie an der unbedingten Verbindlichkeit normaler gesetzlicher Ordnungsvorschriften nur in außergewöhnlichen Sonderfällen namens eines höheren Rechtsprinzips der Gerechtigkeit gerüttelt werden kann, so müssen auch formale Rechtsentscheidungen konkreten Inhalts, die im Auftrage der staatlichen Rechtsmacht ergehen, Geltungskraft für sich in Anspruch nehmen, und zwar nicht nur dann, wenn sie den Postulaten eines überpositiven richtigen Rechts, sondern sogar wenn sie den Vorschriften der positiven Rechtsordnung widersprechen.«

Vgl. *Boehmer*, Grundlagen der Bürgerlichen Rechtsordnung, 2. Buch, 2. Abteilung, 1952, S. 126; zit. n. *Schneider*, Recht und Gesetz – die Welt der Juristen, S. 227.

Bürgerliches Gesetzbuch: *Der schärfste Verriss*

Als der erste Entwurf eines *Bürgerlichen Gesetzbuchs* im Jahre 1888 fertig war, gab es wegen seiner Unverständlichkeit und seines hohen Abstraktionsgrades einen Sturm der Entrüstung in der Fachwelt. Einer der schärfsten Kritiker des BGB, der Wiener Professor *Anton Menger*, schrieb dazu:

»So wie dem Inhalt des Entwurfs jede Originalität fehlt, so ist er auch in der Form vollständig vergriffen. (...) Die Verfasser des Entwurfs (...) haben sinngemäß ein Werk geliefert, dessen abstrakte und unpopuläre Ausdrucksweise kaum überboten werden kann.«

Insgesamt gingen zum ersten Entwurf eines BGB über 600 Stellungnahmen ein, die – zusammengefasst vom Reichsjustizamt – in sechs Bänden veröffentlicht wurden. Grundsätzliche Kritik kam von den Rechtswissenschaftlern *Gierke, Behr, Dernburg* und *Menger*. Den größten Einfluss hatte dabei *Gierke*, von dem man sagte: »*Er riß den Entwurf in Stücke*« (*Sohm* DJZ 1900, S. 6). Zugespitzt lauteten die Vorwürfe: »Unverständlich, undeutsch und unsozial.« Dass diese Vorwürfe nicht unberechtigt waren, zeigt z.B. die (sprachlich so *nicht* in Kraft getretene) Fassung des heutigen § 182 Abs. 1 BGB über die Wirksamkeit eines Rechtsgeschäfts. Die damalige Entwurfsfassung lautete:

»Ist die Wirksamkeit eines Rechtsgeschäfts davon abhängig, daß ein anderer im voraus in die Vornahme desselben einwilligt oder das vorgenommene Rechtsgeschäft genehmigt, so kann die Einwilligung oder Genehmigung sowie die Verweigerung der Genehmigung, wenn das Rechtsgeschäft ein Vertrag ist, gegenüber dem einen oder anderen Vertragschließenden, wenn es ein einseitiges Rechtsgeschäft ist, zu dessen Wirksamkeit erforderlich ist, daß es gegenüber einem Beteiligten vorgenom-

Bürgerliches Gesetzbuch

für

das Deutsche Reich

nebst dem Einführungsgesetz.

Textausgabe

mit alphabetischem Sachregister.

München 1896
C. H. Beck'sche Verlagsbuchhandlung
Oskar Beck.

men wird, gegenüber dem Urheber des Rechtsgeschäftes oder dem anderen Beteiligten erklärt werden.«

Die zweite Fassung des BGB, die 1898 vom Reichstag verabschiedet wurde, war dann tatsächlich von zahlreichen Fremdwörtern entrümpelt. Der hohe Abstraktionsgrad blieb jedoch und ist ein Problem, mit dem heute noch Jurastudenten zu kämpfen haben.

Vgl. *Textausgabe Bürgerliches Gesetzbuch* vom 18. August 1896, Faksimileausgabe anlässlich der Verkündung des BGB vor 100 Jahren, C. H. Beck Verlag, München 1996, S. 10; ferner: *Menger*, Das Bürgerliche Recht und die besitzlosen Volksklassen, 1890.

Corpus Iuris Civilis: *Die Zivilrechtsvorschrift mit der längsten Laufzeit*
Das *»Corpus Iuris Civilis«*, ein nahezu 2000 Jahre altes Römisches Gesetzbuch, galt in vielen Teilen Deutschlands noch bis zum 1. Januar 1890.

Darlehen: *Das älteste Rechtsgeschäft*
Irrtümlicherweise wurde lange Zeit der Kaufvertrag als das älteste Rechtsgeschäft angesehen. Heute besteht allerdings überwiegend die Auffassung, dass der Darlehensvertrag das älteste Geschäft überhaupt darstellt (abgesehen von sonstigen, eher zweifelhaften vertragsähnlichen Willensübereinkünften ganz anderer Natur). Man findet das Rechtsgeschäft mit aufgeschobener Wirkung schon auf sumerischen Urkunden des 3. Jahrtausends v. Chr. Übrigens werden 97,4 % aller Deutschen im Laufe ihres Lebens mindestens einmal zum Darlehensschuldner, davon 61,8 % bei einer Bank.
Vgl. *Wesel*, Fast alles, was Recht ist, S. 150; *Teubner*, a.a.O., S. 31.

Doppelehe: *Die doppeltste Moral*
Die *Doppelehe* ist strafbar (§ 171 StGB), ein entsprechender Ehevertrag nichtig. Der Abschluss eheähnlicher Doppel-Gemeinschaften durch Gesellschaftsvertrag hingegen ist legal und zulässig.

Dreizeugentestament: *Das komplizierteste Testament*
Das für Notfälle (z.B. Zurücklassen eines schwer verletzten Bergsteigers im Zuge einer riskanten Bergtour) vorgesehene *Dreizeugentestament* sieht vor, dass an Stelle eines eigenhändig geschriebenen Testaments oder einer notariell beurkundeten Testamentserklärung auch ein Testament vor drei Zeugen errichtet werden kann. Es ist jedoch so kompliziert, dass es im Ernstfall kaum jemals

gelingen wird. § 2250 BGB bestimmt, dass diese Testamentsform gewählt werden kann, wenn sich die testierende Person »an einem Orte aufhält, der infolge des Ausbruchs einer Krankheit oder infolge sonstiger außerordentlicher Umstände der Gestalt abgesperrt ist, dass die Errichtung eines Testaments vor einem Richter oder einem Notar nicht möglich oder erheblich erschwert ist«. In diesem Fall kann das Testament durch mündliche Erklärung vor drei Zeugen erfolgen. Allerdings – und dies müssen die Beteiligten *vor* Errichtung des Testaments natürlich auch *wissen* – können folgende Personen *nicht* Zeuge im Sinne des Dreizeugentestaments sein:
Der Ehegatte des Erblassers (auch wenn die Ehe nicht mehr besteht) oder ein Verwandter oder Verschwägerter des Erblassers in gerader Linie bzw. im 2. Grade (§ 2234 BGB).
Außerdem kann nicht Zeuge sein, wer in dem Testament bedacht wird oder wer zu einem Bedachten in dem gerade eben beschriebenen verwandtschaftlichen oder schwägerschaftlichen Verhältnisse steht.
Schließlich darf keiner der drei Zeugen minderjährig sein, der bürgerlichen Ehrenrechte »für verlustig erklärt worden sein« oder nach den strafgesetzlichen Vorschriften unfähig sein, als Zeuge eidlich vernommen zu werden. Neben diesen personenrechtlichen Voraussetzungen muss dann auch noch ein Protokoll in deutscher Sprache aufgenommen werden, das den Ort und Tag der Verhandlung, die Bezeichnung des Erblassers und der bei der Verhandlung mitwirkenden Personen sowie die nach § 2238 BGB erforderlichen Erklärungen des Erblassers und – im Falle der Übergabe einer Schrift – die Feststellung der Übergabe enthält.
Auch muss das Protokoll vorgelesen, vom Erblasser genehmigt und von jedem der Beteiligten eigenhändig unterschrieben werden. (Man denke daran: Es handelt sich um einen Notfall in den Bergen!)
Im Protokoll muss außerdem festgestellt werden, »dass dies geschehen ist«. Das Protokoll soll dem Erblasser auf

Verlangen auch zur Durchsicht vorgelegt werden. Erklärt der Erblasser allerdings, dass er nicht schreiben könne, so wird seine Unterschrift durch die Feststellung dieser Erklärung im Protokoll ersetzt.

Schließlich muss das Protokoll von den drei mitwirkenden Zeugen unterschrieben werden.

Drittwirkung: *Die stärkste Wirkung einer Gerichtsentscheidung auf Dritte*

Obwohl die meisten *Gerichtsentscheidungen* keine Auswirkungen für *Dritte* haben, sondern nur für die prozessbeteiligten Parteien, gibt es einige Ausnahmen: Die erste Ausnahme ergibt sich in den Fällen, in denen die Rechtskraft der Entscheidung auch für und gegen Dritte wirkt, vor allem bei der Erstreckung der Rechtskraft auf den Rechtsnachfolger der Parteien (§ 325 ZPO). Weiter ist eine Wirkung dahin gehend denkbar, dass die Entscheidung eines Gerichts während eines Prozesses in einer Fachzeitschrift oder Entscheidungssammlung veröffentlicht wird und damit indirekt Einfluss auf einen ähnlich gelagerten, an anderer Stelle laufenden Prozess nimmt. Die größte Wirkung einer Entscheidung auf am Verfahren nicht beteiligte Dritte haben aber Entscheidungen des Bundesverfassungsgerichts: Nach § 31 Abs. 1 BVerfG binden die Entscheidungen des Bundesverfassungsgerichts die Verfassungsorgane des Bundes und der Länder sowie alle Gerichte und Behörden.

Vgl. *Lenz*, Das Ungewöhnlichste im Recht, S. 192 f.

Ehe: *Die diskriminierendsten eherechtlichen Bestimmungen in der Ursprungsfassung des BGB*

Die am 1. Januar 1900 in Kraft getretene Ursprungsfassung des Bürgerlichen Gesetzbuchs ging noch von der männlichen Dominanz in der Ehe aus. Deshalb fanden sich zahlreiche Bestimmungen, die den Ehegatten privilegierten. Nachfolgend eine Sammlung der verblüffendsten, faszinierendsten und drolligsten Frauen diskriminierenden

Vorschriften (die mittlerweile allesamt geändert worden oder außer Kraft getreten sind):

»Eine Frau darf erst zehn Monate nach der Auflösung oder Nichtigkeitserklärung ihrer früheren Ehe eine neue Ehe eingehen, es sei denn, daß sie inzwischen geboren hat.« (§ 1313 Abs. 1 BGB a. F.)

»Dem Manne steht die Entscheidung in allen das gemeinschaftliche eheliche Leben betreffenden Angelegenheiten zu; er bestimmt insbesondere Wohnort und Wohnung.« (§ 1354 Abs. 1 BGB a. F.)

»Die Frau erhält den Familiennamen des Mannes« (§ 1355 BGB).

»Zu Arbeiten im Hauswesen und dem Geschäfte des Mannes ist die Frau verpflichtet, soweit eine solche Tätigkeit nach den Verhältnissen, in denen die Ehegatten leben, üblich ist.« (§ 1356 BGB a. F.)

»Hat sich die Frau einem Dritten gegenüber zu einer von ihr in Person zu bewirkenden Leistung verpflichtet, so kann der Mann das Rechtsverhältnis ohne Einhaltung einer Kündigungsfrist kündigen, wenn er auf seinen Antrag von dem Vormundschaftsgerichte dazu ermächtigt worden ist. Das Vormundschaftsgericht hat die Ermächtigung zu erteilen, wenn sich ergibt, daß die Tätigkeit der Frau die ehelichen Interessen beeinträchtigt.« (§ 1358 Abs. 1 BGB a. F.)

»Zugunsten der Gläubiger des Mannes wird vermutet, daß die im Besitz eines der Ehegatten oder beider Ehegatten befindlichen beweglichen Sachen dem Manne gehören.« (§ 1362 BGB a. F.)

»Das Vermögen der Frau wird durch die Eheschließung der Verwaltung und Nutznießung des Mannes unterworfen (eingebrachtes Gut). Zum eingebrachten Gute gehört auch das Vermögen, daß die Frau während der Ehe erwirbt.« (§ 1363 BGB a. F.)

»Ohne Zustimmung der Frau kann der Mann 1) über Geld und verbrauchbare Sachen der Frau verfügen; 2)

Forderungen der Frau gegen solche Forderungen an die Frau, deren Berechtigung aus dem eingebrachten Gute verlangt werden kann, aufrechnen; 3) Verbindlichkeiten der Frau zur Leistung eines eingebrachten Gutes gehörenden Gegenstandes durch Leistung des Gegenstandes erfüllen.« (§ 1376 BGB a. F.)

I. Abschnitt: Bürgerl. Ehe. 5. Titel: Wirkungen der Ehe im allgemeinen.

zur Bestreitung des Unterhalts eines gemeinschaftlichen Kindes einen Beitrag zu leisten, nach den für die Scheidung geltenden Vorschriften des § 1585.

Fünfter Titel.
Wirkungen der Ehe im allgemeinen.

§ 1353.

Die Ehegatten sind einander zur ehelichen Lebensgemeinschaft verpflichtet.

Stellt sich das Verlangen eines Ehegatten nach Herstellung der Gemeinschaft als Mißbrauch seines Rechtes dar, so ist der andere Ehegatte nicht verpflichtet, dem Verlangen Folge zu leisten. Das Gleiche gilt, wenn der andere Ehegatte berechtigt ist, auf Scheidung zu klagen.

§ 1354.

Dem Manne steht die Entscheidung in allen das gemeinschaftliche eheliche Leben betreffenden Angelegenheiten zu; er bestimmt insbesondere Wohnort und Wohnung.

Die Frau ist nicht verpflichtet, der Entscheidung des Mannes Folge zu leisten, wenn sich die Entscheidung als Mißbrauch seines Rechtes darstellt.

§ 1355.

Die Frau erhält den Familiennamen des Mannes.

§ 1356.

Die Frau ist, unbeschadet der Vorschriften des § 1354, berechtigt und verpflichtet, das gemeinschaftliche Hauswesen zu leiten.

Zu Arbeiten im Hauswesen und im Geschäfte des Mannes ist die Frau verpflichtet, soweit eine solche Thätigkeit nach den Verhältnissen, in denen die Ehegatten leben, üblich ist.

§ 1357.

Die Frau ist berechtigt, innerhalb ihres häuslichen Wirkungskreises die Geschäfte des Mannes für ihn zu besorgen und ihn zu vertreten. Rechtsgeschäfte, die sie innerhalb dieses Wirkungskreises vornimmt, gelten als im Namen

Abb.: Bürgerliches Gesetzbuch, Faksimileausgabe, S. 323.

»Die Frau bedarf zur Verfügung über eingebrachtes Gut der Einwilligung des Mannes.« (§ 1395 BGB a. F.)
»Verfügt die Frau durch Vertrag oder Einwilligung des Mannes über eingebrachtes Gut, so hängt die Wirksamkeit des Betrages von der Genehmigung des Mannes ab.« (§ 1396 BGB a. F.)
»Ein einseitiges Rechtsgeschäft, durch das die Frau ohne Einwilligung des Mannes über eingebrachtes Gut verfügt, ist unwirksam« (§ 1398 BGB a. F.).
Diese Reihe ließe sich noch beliebig fortsetzen.
Die Ehegattin hatte aber nicht nur diskriminierende Pflichten, sondern auch (mannesdiskriminierende) Rechte, was eindrucksvoll durch § 1356 Abs. 1 BGB (in der alten Fassung) belegt wird:
»Die Frau ist, unbeschadet der Vorschriften des § 1354, berechtigt und verpflichtet, das gemeinschaftliche Hauswesen zu leiten.«
Außerdem hatte der Mann damals umfangreiche Rechenschaftspflichten gegenüber seiner Ehegattin im Rahmen der Verwaltung und Nutznießung im Bereich des gesetzlichen Güterrechts.
Darüber hinaus war der Mann z.B. verpflichtet, die Kosten der Verteidigung seiner Ehegattin in einem gegen sie gerichteten Strafverfahren zu übernehmen. Freilich nur, soweit »die Aufwendung der Kosten den Umständen nach geboten« war oder aber der Prozess »mit Zustimmung des Mannes erfolgte«; ferner war die Ehegattin im Fall ihrer Verurteilung im Strafprozess auch noch zum Ersatz der Kosten der Verteidigung gegenüber ihrem Ehegatten verpflichtet.

Eherecht: *Die Ehe nach der Philosophie Immanuel Kants*
Eine nach heutigen Maßstäben etwas eigenwillige Theorie über Sinn, Zweck und Legalität der Ehe vertrat der berühmte deutsche Philosoph *Immanuel Kant* im Kapitel *»Das Eherecht«* seines Werkes *»Kritik der reinen Vernunft«*. Im Wesentlichen vertrat er die These, dass die Ehegatten durch

die Geschlechtsgemeinschaft (also im Moment der geschlechtlichen Vereinigung) »zur Sache würden«. Deshalb bestünde der Vollzug der Ehe zivilrechtlich in einem gegenseitigen Besitzaustausch der eigenen Person mit dem Ehepartner in Verbindung mit dem Geschlechtsakt. Stark vereinfacht vertrat *Kant* die Ansicht, Sexualität sei eine wechselseitige dingliche Besitzverfügung unter Eheleuten, so dass hierin eine zu billigende »Ausgewogenheit« liege. Aber lesen sie selbst, vor allem die Ausführungen zu den nicht normgemäßen Abläufen beim »Ehevollzug«:

»§ 24
Geschlechtsgemeinschaft ist der wechselseitige Gebrauch, den ein Mensch von eines anderen Geschlechtsorganen und Vermögen macht, und entweder ein natürlicher (wodurch seinesgleichen erzeugt werden kann) oder unnatürlicher Gebrauch (...). Die natürliche Geschlechtsgemeinschaft ist entweder die nach der bloßen tierischen Natur, oder nach dem Gesetz. – Die letztere ist die Ehe, d. i. die Verbindung zweier Personen verschiedenen Geschlechts zum lebensschwierigen wechselseitigen Besitz ihrer Geschlechtseigenschaften. (...)«

»§ 25
Denn der natürliche Gebrauch, den ein Geschlecht von den Geschlechtsorganen des anderen macht, ist ein Genuß, zu dem sich ein Teil dem anderen hingibt. In diesem Akt macht sich ein Mensch selbst zur Sache, welches den Rechten der Menschheit an seiner eigenen Person widerstreitet. Nur unter der einzigen Bedingung ist dies möglich, das, indem die eine Person von der anderen, gleich als Sache, erworben wird, diese gegenseitig wiederum jener erwerbe; denn so gewinnt sie wiederum sich selbst und stellt ihre Persönlichkeit wieder her.«

»§ 26
Aus denselben Gründen ist das Verhältnis der Verehe-

lichten ein Verhältnis der Gleichheit des Besitzes, sowohl der Personen, die einander wechselseitig besitzen (folglich nur in Monogamie, denn in einer Polygamie gewinnt die Person, die sich weggibt, nur ein Teil desjenigen, dem sie ganz anheim fällt, und macht sich also zur bloßen Sache) als auch der Glücksgüter, wobei sie doch die Befugnis haben, sich, auch gleich nur durch einen besonderen Vertrag, des Gebrauchs einen Teils der selben zu begeben. (...)«

»§ 27
Der Ehevertrag wird nur durch eheliche Beiwohnung vollzogen. (...) Die Erwerbung einer Gattin oder eines Gatten geschieht also nicht facto (durch die Beiwohnung) ohne vorhergehenden Vertrag, auch nicht pacto (durch den bloßen ehelichen Vertrag, ohne nachfolgende Beiwohnung), nur durch Lege: d. i. als rechtliche Folge aus der Verbindlichkeit in eine Geschlechtsverbindung nicht anders, als vermittelst des wechselseitigen Besitzes der Personen, als welcher nur durch in gleichfalls wechselseitigen Gebrauch ihrer Geschlechtseigentümlichkeiten seine Wirklichkeit erhält, zu treten. (...)«

Vgl. *Immanuel Kant*, zitiert aus: Kritik der reinen Vernunft, vgl. *Köhler/ Schaefer*, Recht so! Ein Lesebuch zur Justiz, S. 50–53.

Eigentum und Besitz: *Der Grund für die Unterscheidung*
Vielen mag die Unterscheidung zwischen Eigentum und Besitz, die im Bürgerlichen Gesetzbuch gemacht wird, künstlich erscheinen: Der Eigentümer hat das volle dingliche Recht an der Sache und kann mit ihr grundsätzlich verfahren wie er will, während der Besitzer lediglich die tatsächliche Sachherrschaft ausübt.
Wie auch schon bei den alten Römern und den Germanen besteht die Hauptmotivation für diese Unterscheidung in der Überlegung, den Eigentümer »stark zu machen«. Unterscheidet man nämlich *nicht* zwischen Eigentum und Besitz, so ist die Stellung von Vermieter und Mieter, Ver-

pächter und Pächter ungefähr gleich stark, denn der Mieter bzw. Pächter ist ja der jeweilige rechtmäßige Besitzer und damit de facto eine Art »Eigentümer auf Zeit«.

Vgl. hierzu *Wesel*, Fast alles, was Recht ist, S. 31.

Eigentumsirrtum: *Irrtum über Grundbeziehung zum Eigentum*
Beim Eigentum geht es gar nicht, wie dies in Lehrbüchern und von Juristen oft missverständlich zum Ausdruck gebracht wird, um das Verhältnis einer Person zu einer Sache; vielmehr geht es um das Verhältnis von Personen zu anderen Personen *im Hinblick* auf diese Sache.

Vgl. *Wesel*, Fast alles, was Recht ist, S. 107 f.

Eigentumserwerb: *Eigentumserwerb durch Bemalen eines Gegenstandes*
Eine der kuriosesten Arten des *Eigentumserwerbs* ist die künstlerische Umgestaltung eines Gegenstandes, welche zur Folge hat, dass der künstlerisch Umgestaltende Eigentum an der Sache erlangt. Voraussetzung ist allerdings, dass der Wert der verarbeiteten oder umgebildeten Sache nicht erheblich geringer ist als der Wert des Ursprungsstoffes (vgl. § 950 BGB). Beispiel: Der landesbekannte Künstler, der einen Bistro-Tisch mit Zeichnungsentwürfen bekritzelt. Er erwirbt Eigentum an dem Tisch, sofern er beabsichtigte, daraus ein Kunstwerk zu schaffen. Allerdings: Der Umbildende ist zur Herausgabe der Bereicherung bzw. zum Schadensersatz verpflichtet; außerdem macht er sich möglicherweise wegen Sachbeschädigung strafbar, denn vor dem Eigentumserwerb stand erst einmal die Funktionsvereitelung der ursprünglichen Sache.

Vgl. § 951 *BGB*, §§ 303 ff. StGB.

Einbauküchen: *Nord-Süd-Gefälle*
Einbauküchen sind nach heutiger Verkehrsanschauung wesentlicher Bestandteil der Wohnung im Sinne von

§ 93 BGB in Norddeutschland, nicht aber in West- und Süddeutschland.

Vgl. *BGH* NJW-RR 1990, 587; *OLG Celle* 1989, 914; *OLG Hamm* NJW-RR 1989, 333; *OLG Karlsruhe* NJW-RR 1988, 459.

Elternhaftung: *Der nervigste und ungenaueste Haftungshinweis*
Der *nervigste*, kinderfeindlichste und wohl unpräziseste Haftungshinweis lautet: *»Eltern haften für ihre Kinder«.* Letzteres ist gerade *nicht* in jedem Fall so: Eltern haften nur, wenn sie »Missetaten« ihrer Kinder absichtlich oder fahrlässig ermöglicht oder gar gefördert haben, wie zum Beispiel in einem Fall, in dem Eltern die Zündhölzer nicht für Kinder unzugänglich aufbewahrt und die Abkömmlinge daraufhin die Scheune des Nachbarn niedergebrannt hatten.

Andererseits hat der BGH beispielsweise die Eltern eines Achtjährigen, der mit anderen Kindern im Öllagerraum unter einer Gaststätte mit dort herumliegenden Zündhölzern ein Feuer entfacht und einen Schaden von mehr als 100 000 Euro verursacht hatte, von der Haftung freigesprochen.

Ebenso wenig lag eine Aufsichtspflichtverletzung in folgenden Fällen mit anschließender Schadensverursachung vor:
– Ein fünfjähriges Kind ging nach ausreichender Belehrung alleine einkaufen;
– Ein weiteres fünfjähriges Kind spielte alleine auf dem Gehweg, nachdem es vorher ermahnt worden war, nicht die Fahrbahn zu betreten;
– Ein vierjähriges Kind fuhr mit dem Roller auf einer verkehrsarmen Straße (Anm.: Quellenangabe nicht vorhanden).

Vgl. *Scheele/Wetter*, Ratgeber Recht, 2. Auflage, München 1988, zit. n.
Krämer/Trenkler, Lexikon der populären Irrtümer, S. 157 f.

Erbbaurechte: *Die am längsten gültigen Verträge*
Verträge können grundsätzlich unbefristet oder auf Zeit geschlossen werden. Eine gesetzliche maximale Gültigkeit gibt es dabei nicht. In der Praxis sind die längsten

Vertragsdauern bei Verträgen üblich, mit denen Erbbaurechte vergeben werden. Sie werden im Regelfall auf höchstens 99 Jahre geschlossen. Die Gründe hierfür liegen – anders als dies oftmals angenommen wird – nicht im rechtlichen, sondern eher im psychologischen Bereich, vor allem wohl in der Vorstellung, dass ein auf ein *ganzes* Jahrhundert geschlossenes Vertragswerk eher den Eindruck entstehen lasse, es handele sich um einen »ewigen Vertrag«. Genauso zulässig wäre aber eine Bindung auf 200 oder 500 Jahre, da auch im Rahmen zeitlicher Befristungen der Grundsatz der Vertragsfreiheit gilt. Ebenso zulässig wäre das Schließen eines unbefristeten Vertrages. Die Höchstgrenze von 99 Jahren ist also nur eine unverbindliche Verkehrssitte.

Vgl. *Winkler* in *Langefeld* (Herausgeber), Münchner Vertragshandbuch, Band 4, Bürgerliches Recht, 2. Halbband, 2. Auflage 1986, S. 954 ff.; *Großfeld/Gersch* JZ 1988, 937 (939), zit. n. *Lenz*, S. 213 f.

Erbrecht: *Kleine Weisheiten zum Erbrecht; auch eine GmbH kann leben*

Das *Erbrecht* ist eigentlich eine eigenwillige Kombination aus den Elementen »Eigentum« und »Familie«. Als Erben kann man einsetzen, wen man will. Dies war nicht immer im Lauf der Geschichte selbstverständlich: Die antiken Griechen kannten das Testament nicht, nur die gesetzliche Erbfolge.

Eine kleine haarspalterische Kuriosität: § 923 BGB bestimmt:

»Erbe kann nur werden, wer zur Zeit des Erbfalls lebt«.

So steht es geschrieben. Aus den Vorschriften des Erbrechts ergibt sich allerdings auch, dass juristische Personen (d.h. Aktiengesellschaften, GmbHs, Vereine oder Gemeinden) erben können. Nach den Gesetzen der (juristischen) Logik können also auch juristische Personen leben!

Vgl. *Wesel*, Fast alles, was Recht ist, S. 178 f.

Familie: *Die wahre Bedeutung des Begriffs »Familie«*
Der Begriff *»Familie«* (lat., von Famulus = Dienerlein) war nach römischem Recht die Bezeichnung für alles, was dem Hausvater an Personen und Sachen, einschließlich der Sklaven, zur Verfügung stand. Die Frau war übrigens im alten Rom geschäftsunfähig und stand in der Gewalt des Pater Farmilias. Sie war allerdings – wegen ihrer vermeintlichen Schwäche – milder zu bestrafen und wurde in der Familie hoch geachtet.

Vgl. *Ulpian*, Dig. 1, 5, 9; 50, 17, 2; 50, 16, 195, 1–3; *Justinian*, Cod. 9, 8, 5; jeweils zit. n. *Teubner*, Teubner's satirisches Rechtswörterbuch, S. 49 und 51.

Fantasiesumme: *Der höchste eingeklagte Betrag*
Ein gewisser *I. Walton Bader* reichte am 14. April 1991 vor dem US-Bezirksgericht von New York eine Klage gegen *General Motors* und weitere Beklagte mit einer Forderung in Höhe von sage und schreibe 675 Billionen US-Dollar ein. Dies entsprach zum damaligen Zeitpunkt dem 10-fachen aller in den USA vorhandenen Werte. Das Klageziel war, die Autofirma sowie andere Firmen für die Umweltverschmutzung in insgesamt 50 Staaten durch Abgase zu verurteilen. Die Klage hatte keinen Erfolg.

Vgl. *Guinness Book of World Records, 1991*, S. 547.

Fehlurteil: *Die höchste Wahrscheinlichkeit eines unrichtigen Urteils*
Die *höchste Wahrscheinlichkeit eines unrichtigen Urteils* liegt – regelmäßig und formal ganz korrekt – dann vor, wenn der Absendende eines entscheidenden Schreibens (z.B. Kündigung) behauptet, einen Brief losgeschickt zu haben, der Empfänger jedoch darauf beharrt, er habe dieses Schreiben nie erhalten. In einer viel diskutierten Entscheidung des Bundesgerichtshofs zum Beweis des Zuganges eines Einschreibebriefes haben die Karlsruher Richter den Zugang eines Briefes nicht allein deshalb als erwiesen angesehen, weil dieser Brief als Einschreibe-

brief *abgeschickt* wurde (hätte der Absender sein Einschreiben mit Rückschein versandt, so wäre der Beweis des Briefempfangs gelungen). Es musste daher eine sog. *Beweislastentscheidung* getroffen und die Behauptung, der Brief sei zugegangen, als unrichtig behandelt werden. Nun weisen Statistiken der Post aus, dass in 99,995 % aller Fälle Einschreibebriefe den Empfänger auch erreichen. Und da im vorliegenden Fall der Absender nachweisen konnte, dass er den Brief tatsächlich abgeschickt hatte, nicht aber, dass der Empfänger ihn auch wirklich zu seinen Händen erhielt, muss davon ausgegangen werden, dass dem Urteil des BGH mit einer Wahrscheinlichkeit von 99,995 % eine unrichtige Tatsachenfeststellung zugrunde liegt und es damit Anspruch auf den Titel des »am wahrscheinlichsten unrichtigen Urteils« erheben kann.

Vgl. *BGH* ZZP 1990, 62 (65) mit Anmerkung *Rüssmann*; vgl. auch *Romme*, Der Anscheinsbeweis im Gefüge von Beweiswürdigung, Beweismaß und Beweislast, 1989, S. 84 ff. und *Lenz*, S. 58 f.

Frauendiskriminierung: *Der teuerste Vergleich*
Die finanziell lukrativste Schlichtung bei einer Klage betreffend die *Diskriminierung von Frauen* stand am 22. März 2000 auf dem Plan: Die US-Regierung stimmte der Zahlung von umgerechnet rund 500 Mio. Euro zu, um ein Gerichtsverfahren von 1100 Frauen gegen die US Information Agency auf dem Vergleichswege beizulegen.

Vgl. *Guinnessbuch der Rekorde*, 2001, S. 47.

Freiwillige Gerichtsbarkeit: *Die irreführendste zivilprozessuale Bezeichnung*
Der Begriff *freiwillige Gerichtsbarkeit* beinhaltet die wohl ungenaueste zivilprozessuale Bezeichnung: Zum einen ist die Gerichtsbarkeit im Regelfall gerade nicht »freiwillig«, sondern notwendig, da z.B. bei Grundstückssachen die Gerichte gezwungenermaßen in Anspruch genommen werden, ebenso wie bei Scheidungen. Zum anderen

wird bei Angelegenheiten der freiwilligen Gerichtsbarkeit im Regelfall nicht der Richter, sondern vielmehr der Rechtspfleger in Anspruch genommen.
Vgl. *Brehm*, Freiwillige Gerichtsbarkeit, S. 37.

Fremdsprachliches Recht: *Vor Erlass des BGB*
Vor dem Erlass des Bürgerlichen Gesetzbuches lebte nahezu die Hälfte der deutschen Bevölkerung mit fremdsprachlichem Recht. Umgekehrt ist das BGB für viele der über 4 Mio. Ausländer in der Bundesrepublik ein fremdsprachlicher Text.
Vgl. *Wacke* NJW 1990, 877 (878, 885).

Gartenzwerge: *Das Volk mit den meisten Nachbarstreitigkeiten*
In den alten Bundesländern ziehen rund 800 000 verfeindete Nachbarn jährlich gegeneinander vor Gericht. Die deutsche nachbarschaftliche Prozesswut ist damit absolut rekordverdächtig.
Vgl. *Bergmann*, Giftzwerge – Wenn der Nachbar zum Feind wird, S. 11.

Geiselnahme: *Die wahre Bedeutung des Wortes*
Die *Geiselnahme* hatte ursprünglich – nach altem germanischem Stammesrecht – eine zivilrechtliche und keine strafrechtliche Bedeutung, wie dies heute der Fall ist. Die Geiselnahme war früher das Recht des Siegers, Adlige oder vermögende Verwandte des unterlegenen Gegners zur Sicherung des Friedens abzuführen. Später gab es zur Beitreibung einer Forderung auch das so genannte »*Gieselmahl*«. Zu diesem Zwecke quartierten sich alle Gläubiger bei dem Schuldner so lange ein, bis er entweder zahlte oder kahl gefressen war.

Geschlechtsgemeinschaft: *Klage auf Intimverkehr*
Der Ehepartner kann auf *Geschlechtsgemeinschaft* verklagt werden, denn diese gehört zur ehelichen Lebensgemeinschaft. Der Anspruch ist jedoch nicht vollstreckbar.
Zum Verkehr mit dem Gatten ist der Ehepartner aller-

dings nur verpflichtet, soweit dies nicht – z.B. wegen einer mittlerweile erfolgten Trennung – missbräuchlich ist. Diese Feststellung ist nicht weiter ungewöhnlich. Interessant ist nur, dass nach der höchstrichterlichen Rechtsprechung die Ehefrau nicht nur zum einfachen Geschlechtsverkehr, sondern auch zu erotischer Leidenschaft verpflichtet ist. Originalton des Bundesgerichtshofs (1967):

»Die Frau genügt ihren ehelichen Pflichten nicht schon damit, dass sie Beiwohnung teilnahmslos geschehen lässt.«
Vgl. *BGH* NJW 1967, 1079; vgl. auch *Günther*, BGB in Reimen, S. 101.

Glücksfall: *Nichtanrechnung von Glücksfällen bei eingefordertem Schadensersatz*
Glücksfälle sind auf den *eingeforderten Schadensersatz* nach herrschender Lehre nicht anzurechnen. Ein Beispiel: Autofahrer Pfeil rammt mit seinem Pkw fahrlässig eine Eiche des Grundstücksbesitzers Maier. Dabei entsteht Herrn Maier ein Schaden in Höhe von 3000 Euro. Als Maier den lädierten Baum entfernen möchte, entdeckt er einen Schatz im Wert von 2500 Euro. Muss Pfeil nur 500 Euro Schadenersatz leisten? Was sagt die Literatur zu diesem – nur begrenzt realistischen – Fall? Nein! Pfeil muss 3000 Euro zahlen, denn: Der Vorteil sei als »inadäquat« nicht anzurechnen; der Gedanke des allgemeinen Lebensrisikos sei »spiegelbildlich anzuwenden«. Auf gut deutsch: *»Hat der Geschädigte Schwein, soll es des Schädigenden Vorteil nicht sein.«*
Vgl. *Palandt/Heinrichs*, Bürgerliches Gesetzbuch, Vorbemerkung vor § 249 Rdnr. 147; *Lange*, Schadensersatz, 2. Auflage 1990, § 9 IV 3.

Grenzverwirrung: *Kuriose Vorschriften zum Nachbarrecht im BGB*
Die Vorschriften der §§ 919 ff. BGB waren Gegenstand heftiger Diskussionen bei Entstehung des Bürgerlichen Gesetzbuchs und enthalten – nicht zuletzt auch aufgrund landesrechtlicher Einflussnahmen – einige sprachliche

Seltsamkeiten. So kann z.B. nach der Formulierung des § 919 BGB ein Grenzstein anscheinend geisteskrank sein: *»... ein Grenzzeichen verrückt ... geworden ist, ... «.*
Auch § 920 enthält einen sprachlichen Fauxpas – die *verwirrte Grenze*. Bei der Beratung des BGB lagen mehrere Anträge zur Änderung des ersten Entwurfs vor, der die Materie der streitigen Grenze behandelte. In dem Antrag des *Königlich sächsischen Oberappelationsgerichtspräsidenten von Weber* wurde hierfür erstmalig der Begriff der »Grenzverwirrung« eingebracht. Letztlich fand auch diese mehrdeutige Formulierung Eingang in das BGB und hat bis heute überdauert.

§ 921 BGB erläutert übrigens, wodurch Grundstücke voneinander »geschieden« werden, was wiederum wenig mit dem Eherecht zu tun hat.

Vgl. *Aberle/Kuhnke/Roth*, Aus dem Leben eines 100-Jährigen – das BGB hatte Geburtstag, www.verma-bb.de/pdf/2009 32–36.pdf, 2000.

Großkanzlei: *Die größte Anwaltssozietät*
Clifford Chance LLP (USA) beschäftigen in 29 Kanzleien auf der ganzen Welt insgesamt 3100 Rechtsberater, davon 630 Firmenteilhaber. Das Unternehmen ging im Januar 2000 aus einer Fusion von *Clifford Chance, Worders and Wells LLP* und *Pünder, Vollhard, Weber* und *Axter* hervor. Die drei Kanzleien hatten 1998 zusammen genommen Einnahmen von rund einer Milliarde Euro.

Vgl. *Guinnessbuch der Rekorde*, 2001, S. 52.

Grundbuchsystem: *Grundstücksübertragung nach römischem Recht*
In Preußen ging man erst im Jahre 1872 zum Grundbuchsystem über. Bis dahin galt römisches Recht, das keinen Unterschied kannte zwischen der Übereignung von Grundstücken und beweglichen Sachen. Beide mussten tatsächlich übergeben werden. Bei Grundstücken musste der alte Eigentümer mit dem neuen Eigentümer auf das Land gehen und ihm sagen: *»Hier hast*

Du es.« Damit waren Besitz und Eigentum übergegangen.

Vgl. *Wesel*, Fast alles, was Recht ist, S. 156.

Haftung: *Die höchste Haftung*

Die *höchste Haftung* ist – *unendlich*. Es existiert im deutschen Recht keine Höchstgrenze für die Haftung eines Schuldners mit seinem Vermögen, sie ist grundsätzlich unbegrenzt. Es gibt also keinen Höchstbetrag, über den hinaus eine Geldforderung gegen einen Schuldner nicht möglich wäre. Insbesondere gibt es keine Regel, nach der etwa die vertragliche Begründung eines Anspruchs nur bis zur Höhe des Vermögens des Schuldners zulässig, darüber hinaus aber sittenwidrig wäre. Jeder kann sich auch über sein eigenes Vermögen hinaus, gar bis zu einem Vielfachen des Eigenvermögens, vertraglich wirksam verpflichten. Auch ist eine Haftung zeitlich nicht begrenzt. Allerdings führt der Tod des Schuldners dazu, dass eine sein Vermögen um ein Vielfaches übersteigende Geldforderung auch rechtlich erlischt; dies jedoch setzt voraus, dass der Erbe des Schuldners die nötigen Schritte einleitet, um beispielsweise seine Haftung auf den Wert des Nachlasses zu beschränken (§§ 975 ff. BGB) oder das Erbe gar auszuschlagen.

Die Haftung des Schuldners ist lebenslang, also nicht nur betragsmäßig, sondern auch *zeitlich unbegrenzt*. Letzteres führt regelmäßig dazu, dass im Falle einer fahrlässigen oder vorsätzlichen Schädigung strafrechtliche Sanktionen gegenüber zivilrechtlichen Schadensersatzpflichten völlig belanglos erscheinen, dass also die zivilrechtliche Verfolgung einer unerlaubten Handlung den Täter weitaus härter trifft als die strafrechtlichen Konsequenzen. Interessant ist, dass der BGH tatsächlich in einigen Entscheidungen vertragliche Ansprüche nicht als sittenwidrig angesehen hat, die das Vermögen des Schuldners wesentlich überstiegen.

Vgl. *Lenz*, S. 52–54 mit Verweis auf *Grunsky*, Grundzüge des Zwangsvollstreckungs- und Konkursrechts, 4. Auflage 1987, S. 34 und auf *BGH* NJW 1989, 1276; *BGH* NJW 1989, 830.

Implantate: *Sachen, die keine »Sachen« im Rechtssinne sind*
Implantate (z.B. Herzschrittmacher, künstliche Hüftgelenke, etc.) sind zeitlebens keine Sachen. Nach dem Todeszeitpunkt gewinnen sie wieder Sacheigenschaft.

Jurastudium: *Viel Zeit für wenig Gesetze*
Etwa 70 % seiner Studienzeit verbringt der Jurastudent mit der Erfassung und Interpretation des Bürgerlichen Gesetzbuchs, des Handelsgesetzbuchs, des Kündigungsschutzgesetzes, der Zivilprozessordnung, des Strafgesetzbuches, der Strafprozessordnung, des Verwaltungsverfahrensgesetzes und der Verwaltungsgerichtsordnung. Er widmet also 70 % seiner Studienzeit der Erfassung von nur 0,17 % der Bundes-Rechtsvorschriften.

Juristen: *Die unbekanntesten bekannten Juristen*
Einige Personen der Geschichte, die man nicht ohne weiteres für Juristen hält: Casanova war Rechtsanwalt, ebenso Goethe, Bud Spencer ist promovierter Jurist, genauso wie Fidel Castro.

Kammergericht: *Die missverständlichste Gerichtsbezeichnung*
Das *Kammergericht Berlin* hat Senate und keine Kammern; es ist eigentlich ein verkapptes Oberlandesgericht.

Katholiken: *Die Ehescheidung von katholischen Religionsangehörigen*
Nach kanonischem (Kirchen-) Recht ist die *Ehescheidung der Katholiken* aufgrund des *Gratiant* und des *tretentinischen Konsils* nicht erlaubt. Ausweg: Eintritt in ein Kloster oder päpstliche Dispensation nach einer Anullationsklage vor der Rota Romana.

Vgl. *Teubner*, Satirisches Rechtswörterbuch, S. 39 mit weiteren Nachweisen.

Klägerchancen: *Klagen lohnt sich*
Im Zivilprozess gewinnt meist der Kläger. Die Erfolgsquote Kläger gegen Beklagten liegt etwa bei 2:1.

Vgl. *Röhl*, Rechtssoziologie, 1987, S. 500 ff.

Kompliziert: *Die unverständlichste Literaturpassage*
Die wahrscheinlich am *schwersten verständliche Stelle* der juristischen Fachliteratur stammt von Rödig. Es handelt sich um eine Formel zum gerichtlichen Erkenntnisverfahren, die wie folgt lautet:

$$
\begin{aligned}
&„ \wedge p_2 \wedge z_3 \wedge l\,(B\,r^4\,(pc_1, pc_2, z_3, l) \leftrightarrow \\
&\leftrightarrow (\vee\, z_1\,(\neg\,F\,r^2\,(z_3, z_1) \wedge E\,k^4{}_1\,(pc_1, pc_2, z_1, l) \\
&\wedge \neg \vee z_2\,(\neg\,F\,r^2\,(z_2, z_1) \wedge F\,r^2\,(z_3, z_2) \wedge \\
&\wedge V\,k^4{}_1\,(pc_1, p_2, z_2, l))) \vee \vee\, z_1\,(F\,r^2\,(z_3, z_1) \wedge \\
&\wedge E\,k^4{}_2\,(pc_1, p_2, z_1, l) \wedge \neg \vee z_2\,(\neg\,F\,r^2\,(z_2, z_1) \wedge \\
&\wedge \neg\,F\,r^2\,(z_3, z_2) \wedge V\,k^4{}_2\,(pc_1, p_2, z_1, l))) \wedge \\
&\ldots \vee \vee\, z_1\,(\neg\,F\,r^2\,(z_3, z_1) \wedge E\,k^4{}_n\,(pc_1, p_2, z_1, l) \wedge \\
&\wedge \neg \vee z_2\,(\neg\,F\,r^2\,(z_2, z_1) \wedge \neg\,F\,r_2\,(z_3, z_2) \wedge \\
&\wedge V\,k^4{}_n\,(pc_1, p_2, z_2, l)))))"
\end{aligned}
$$

Rödig, Die Theorie des gerichtlichen Erkenntnisverfahrens, 1973, S. 267; zit. n. *Lenz*, a.a.O., S. 258.

Königsparagraf: *Die bedeutendste Privatrechtsvorschrift*
Der *wichtigste Paragraf* im Zivilrecht dürfte § 242 BGB (»Treu und Glauben«) sein. Allein zu einem Unterfall dieses nur einen Satz umfassenden Paragrafen, nämlich zu dem Rechtsinstitut des *Wegfalls der Geschäftsgrundlage*, gibt es insgesamt 56 Theorien und einige 100 Anwendungsvarianten. Der Kommentierung dieses § 242 ist ein eigener Teilband des Großkommentars *»Staudinger«* gewidmet, sie umfasst über 2000 Seiten; allein die Gliederung des Kommentars zum § 242 BGB ist über 30 Seiten lang. Übrigens stellt zufällig im Strafgesetzbuch (StGB) der § 242 (Strafbarkeit des Diebstahls) das zahlenmäßig gewichtigste Delikt dar.

Vgl. *Hedemann*, Die Flucht in die Generalklauseln, 1933, S. 6; *Chiotellis*, Rechtsfolgenbestimmung, Geschäftsgrundlagenstörungen, 1981, S. 29, zit. n. *Palandt-Heinrichs*, BGB, § 242 Rdnr. 113; *Staudinger*, Bürgerliches Gesetzbuch, Teilband zu § 242 BGB.

Kontokorrent: *Das häufigste Dauerschuldverhältnis*
Das wohl häufigste *Dauerschuldverhältnis* ist vermutlich der Darlehensvertrag, § 607 BGB. Denn es ist ganz egal, ob ein Minus oder ein Plus auf dem Konto einer jeweiligen Bank besteht, in beiden Fällen wird ein Darlehen gegeben: entweder von der Bank an den Kunden oder umgekehrt. Kein Darlehenschuldverhältnis besteht nur dann, wenn das Konto exakt ausgeglichen ist.
Vgl. *Wesel*, Fast alles, was Recht ist, S. 150.

Leiche: *Rechtsnatur der menschlichen Leiche*
Umstritten ist die *Rechtsnatur der menschlichen Leiche*. Nach einer Auffassung ist sie zwar nicht »Mensch« an sich, gleichwohl auch nicht als Sache einzuordnen, sondern vielmehr eine Art »Rückstand der Persönlichkeit«. Nach herrschender Auffassung dagegen ist die menschliche Leiche eine Sache, steht aber in niemandes Eigentum. Im Übrigen ist eine Leiche eine herrenlose Sache, deren Aneignung unzulässig ist (ebenfalls eine Kuriosität des Sachenrechts).
Vgl. *RGSt* 64, 314 ff; *Zimmermann* NJW 1979, 570; a. A.: *Brunner* NJW 1953, 1173.

Methusalem-Justiz: *Der älteste aktive (Zivil-) Richter*
Albert R. Alexander (1859–1966) aus Plattsburg, Missouri (USA), war der wahrscheinlich *älteste aktive Richter* weltweit. Er wurde 1926 als Mitglied im Kollegium des Amtsgerichts von Clinton County registriert, wo er anschließend als Untersuchungs- und Nachlassrichter tätig war. Der Richter ging am 9. Juli 1965 im Alter von 105 Jahren und 8 Monaten in den wohl verdienten Ruhestand.
Vgl. *Das neue Guinnessbuch der Rekorde*, 1995, S. 252.

Mieterschutz: *Die am wenigsten schutzbedürftigen »Schwächeren«*

Die nach dem BGB wahrscheinlich am wenigsten schutzbedürftigen »Schwächeren«, die gleichwohl mit dem »Tropfen sozialen Öls« des Zivilrechts »gesalbt« werden, sind sehr wohlhabende Mieter. Auch dem reichsten Mieter steht der soziale *Mieterschutz* nach dem § 556 a BGB zu, auf ihn finden also die Vorschriften des sozialen Mietrechts auch dann Anwendung, wenn der Vermieter hoffnungslos verarmt ist. Nach geltendem Recht gibt es nämlich keine »Wohlstandsgrenze« im Mietrecht.

So: *Lenz*, S. 107 f.

Mietmangel: *Der am relativ seltensten wahrgenommene Rechtsanspruch*

Der am relativ *seltensten wahrgenommene Rechtsanspruch* ist wohl der auf Minderung des Mietzinses aufgrund von Mängeln an der Mietsache: Im Falle eines Mangels – der zwar häufig vorliegt, aber vom Mieter bewusst oder unbewusst dem Vermieter nicht gemeldet wird – mindert sich der Mietzins kraft Gesetzes *von selbst* (§ 537 Abs. 1 BGB). Zählt man alle kleineren und größeren versteckten und nicht versteckten Mängel sämtlicher Mietwohnungen und Miethäuser in Deutschland zusammen (ganz zu schweigen von gemieteten Gegenständen wie z.B. Autos oder Rasenmähern), so dürfte sich eine gigantische Anzahl von Rechtsansprüchen auf Mietzinsminderung ergeben, die niemals in Anspruch genommen werden.

Minderung: *Die wahren Hintergründe dieses Rechtsanspruchs*

Die *Minderung* ist ein heute noch im Bürgerlichen Gesetzbuch verankerter Gewährleistungsanspruch im Kaufrecht (vgl. § 462 BGB), der von den alten Römern hauptsächlich beim Kauf gefräßiger und fauler Sklaven angewandt wurde.

Vgl. *Gaius*, Dig. 21, 1, 18; zit. n. *Teubner*, Teubner's satirisches Rechtswörterbuch, S. 97 f.

Mündigkeit: *Das jüngste Volljährigkeitsalter*
Im Jahre 1576 galt man in England im Alter von 10 Jahren als *mündig*.

Vgl. *Hartston*, Das Lexikon der Zahlen, S. 37.

Nasciturus: *Nicht nur der geborene Mensch kann erben*
Nach dem deutschen Erbrecht kann zwar eine befruchtete Eizelle (Nasciturus), nicht aber ein Spermium oder eine nicht befruchtete Eizelle Erbe werden. Es ist also ein weit verbreiteter Irrtum zu glauben, nur der geborene Mensch könne erben.

Vgl. *Crombie/van Helsing*, Die kuriosesten Gesetze der Welt, S. 92.

Pfandrecht: *Die komplizierteste österreichische Privatrechtsvorschrift*
§ 53 Abs. 1 Satz 3 des *Allgemeinen Grundbuchgesetzes 1955* (Österreichisches BGBl. Nr. 39) lautet:

»Auf Antrag ist in die Anmerkung der beabsichtigten Verpfändung die Bedingung aufzunehmen, dass die Eintragung eines Pfandrechtes im Range der Anmerkung nur für dieselbe Forderung zulässig ist, für die entweder im Zeitpunkt des Erlangens des Ansuchens um Eintragung des Pfandrechtes bereits im Range einer anderen Anmerkung der beabsichtigten Verpfändung, der einer Bedingung nicht beigesetzt ist, die Eintragung eines anderen Pfandrechtes bewilligt worden ist oder gleichzeitig mit der Bewilligung der Eintragung des Pfandrechtes im Range einer anderen Anmerkung der beabsichtigten Verpfändung, der einer Bedingung nicht beigesetzt ist, die Eintragung eines anderen Pfandrechtes bewilligt wird.«

Vgl. *Bundesgesetz* v. 22. Jänner 1958, mit dem das allgemeine Grundbuchgesetz 1955 und das Bundesgesetz über die Gerichts- und Justizverwaltungsgebühren Österreichs geändert und ergänzt wurden (BGBl. 15/1958, zit. n. *Welser*, Grammophon ist kein Vorname, S. 107).

Reichshaftpflichtgesetz: *Die erste verschuldensunabhängige Haftung*

Die *erste verschuldensunabhängige* zivilrechtliche *Haftung* wurde durch das 1871 in Kraft getretene *Reichshaftpflichtgesetz* institutionalisiert. Die zweite verschuldensunabhängige Gefährdungshaftung begründete das Kraftfahrzeuggesetz von 1909, im Wesentlichen das heute noch gültige Straßenverkehrsgesetz, wonach man – entgegen landläufiger Meinung – nicht dafür haftet, dass man »schuld ist«, sondern weil sich die dem Fahrzeug innenwohnende Betriebsgefahr realisiert hat, und dies aus Sicht des Fahrers nicht unvermeidlich war.

Reinheit: *Die reinste Rechtslehre*

Kelsen hat in der 1. Auflage seines Lehrbuchs *»Reine Rechtslehre«* im Jahre 1934 die Auffassung vertreten, die Rechtswissenschaft müsse von »fremden Elementen« befreit werden. Ihm kam es darauf an, das Recht ausschließlich mit den Methoden der Rechtswissenschaft zu untersuchen und die Juristerei von all ihren artfremden Elementen zu befreien. Als solche nannte er etwa die Psychologie, die Biologie, die Ethik und die Theologie. Er hielt es für verfehlt, wenn Rechtsgelehrte in das Gehege anderer Spezialwissenschaften eindringen wollten.

Vgl. *Kelsen,* Reine Rechtslehre, 1. Auflage 1934, S. 1 ff.; kritisch zur »Reinen Rechtslehre«: *Larenz,* Methodenlehre der Rechtswissenschaft, 4. Auflage 1983, S. 69 ff.; vgl. auch *Lenz,* S. 45 f.

Reisemängel: *Der preiswerteste Urlaub*

In der sog. Frankfurter Tabelle sind *Reisemängel* aufgeführt und quantifiziert, die zu Reisepreisminderungen führen. Die Prozentsätze sind auch gleich mit angegeben. Das Schöne daran: Die prozentualen Abzüge können kumuliert werden, was dazu führen kann, dass sich der Urlaub im Nachhinein als gänzlich kostenlos erweisen mag (den entsprechenden Zivilprozess vorausgesetzt). *Kostenlos Urlaub machen* kann insbesondere derjenige, der in einem zu kleinen Zimmer (./. 10 %) mit kargem Mobiliar (./. 10 %), dafür aber mit Ungeziefer (./. 20 %) einquartiert wird. Allerdings muss der Gast in Kauf nehmen, dass an verschmutzten Restauranttischen (./. 5 %), eintönige (./. 5 %), nicht genügend warme Speisen (./. 10 %) serviert werden. Auch muss sich der Gast damit begnügen, dass der – trotz Zusage – fehlende oder total verschmutzte (./. 20 %) FKK-Strand (./. 15 %) nicht seinen Vorstellungen entspricht. Vor seiner Abreise sollte der Urlauber aber bei der nicht vorhandenen Reiseleitung (./. 5 %) um Abhilfe dieser Zustände ersucht haben.

Vgl. *Köhler*, Üb immer Treu und Redlichkeit, S. 153 ff.

Riesenerbschaft: *Das größte Einzelvermächtnis*
Am 12. März 1991 erklärte der amerikanische Verleger *Walter Annenberg*, dass er beabsichtige, seine Kunstsammlung dem *Metropolitan Museum of Art* in New York City (USA) zu hinterlassen. Der Wert der Sammlung wird auf umgerechnet über 560 Mio. Euro geschätzt – das weltweit bislang *größte Einzelvermächtnis* einer privaten Person.

Vgl. *Guinnessbuch der Rekorde*, 2001, S. 54.

Schadensersatz: *Der höchste Schadensersatz gegen eine Einzelperson*
Der wohl *höchste Schadensersatz*-Betrag, der jemals gegen eine Einzelperson verhängt wurde, betrug 2,1 Mrd. Dollar (ca. 1,9 Mrd. Euro). Am 20. Juli 1992 wurde Charles H. Keating Jr. als ehemaligem Besitzer der »Lincoln Spar- und Darlehenskasse« in Los Angeles, Kalifornien (USA), von der Jury des zuständigen Bundesgerichts dazu verurteilt, die genannte Summe an insgesamt 23 000 Kleinanleger zu bezahlen; diese waren von seinem Kreditinstitut betrogen worden.

Vgl. *Das neue Guinnessbuch der Rekorde*, 1995, S. 252.

Schärfster Anspruch: *Der schärfste zivilprozessual durchsetzbare Anspruch*

Die »*schärfsten*« zivilprozessualen Ansprüche sind die *Haft* und der *persönliche Arrest*. Die Haft ist z.B. vorgesehen, wenn der Schuldner sich weigert, eine eidesstattliche Versicherung über den Umfang seines Vermögens oder über den Verbleib einer bestimmten beweglichen Sache zu leisten (vgl. §§ 810, 883 Abs. 2 und § 901 ZPO). Ein persönlicher Arrest ist beispielsweise möglich, um den Schuldner daran zu hindern, die Zwangsvollstreckung zu vereiteln (§§ 918, 933 ZPO). Allein die Zahlungsunfähigkeit des Schuldners führt jedoch noch nicht zur Haft, anders als nach früherem Recht, als es auch die *Schuldhaft* und die *Schuldknechtschaft* gab. Im römischen Recht konnte der Schuldner gar getötet oder versklavt werden, wenn er nicht zahlungsfähig war. Mehrere Gläubiger hatten dann das Recht, den Körper des Schuldners zu zerschneiden und unter sich aufzuteilen. Dabei ging es vornehmlich darum, die Angehörigen des Schuldners zur Begleichung der Schuld zu bewegen. Diese zahlten dann eventuell auch nach der Tötung des Schuldners noch, um wenigstens seine Bestattung zu ermöglichen.

Vgl. *Kaiser*, Römisches Privatrecht, 14. Auflage 1986, § 81 3 I; *Jauernig*, Zwangsvollstreckungs- und Konkursrecht, 19. Auflage 1990, § 1 VI 5; *Mitteis-Lieberich*, Deutsche Rechtsgeschichte, 18. Auflage 1988, § 39 2 V zit. n. *Lenz*, S. 133 f.

Schenkung: *Der geschenkte Gaul*

Dem Sprichwort »*Einem geschenkten Gaul schaut man nicht ins Maul*« wird heute die Bedeutung beigemessen, dass man eine kostenlos feilgebotene Sache nicht ausschlagen sollte, auch wenn sie qualitativ zu wünschen übrig lässt. Nach altem germanischen Stammesrecht hatte der Satz jedoch eine ganz andere, nämlich eine rechtliche Bedeutung. Es wurde damit bestimmt, dass der Schenker nicht haftet, wenn die Sache einen Fehler hat.

Vgl. *Wesel*, Fast alles, was Recht ist, S. 16.

Schmerzensgeld: *Sklavenfreundliche Regelung der alten Römer*
Schmerzensgeld sprachen die Richter Roms Sklavinnen und Sklaven im Falle von Entstellungen zu, nie aber freien Bürgern, die körperlich verunstaltet worden waren.
Vgl. *Gaius*, Dig. 9, 3, 7; zit. n. *Teubner*, Teubner's satirisches Rechtswörterbuch, S. 148.

Schnelltestament: *Das kürzeste Testament der Welt*
Das *kürzeste Testament der Welt* hat folgenden Wortlaut: »Vse o zene.« Es wurde am 19. Januar 1967 in Langen (Hessen) abgefasst. Diese Worte sind tschechisch und besagen: »Alles meiner Frau«.
Vgl. *Guinness Book of World Records*, 1991, S. 547.

Schönfelder: *Die wichtigste Textsammlung*
Der *Schönfelder* ist die meistgebrauchte, verkaufsstärkste und damit wohl wichtigste Loseblatt-Gesetzestextsammlung in Deutschland. Er enthält inzwischen über 3200 Seiten. Die Ursprungsauflage erschien Anfang der 30er Jahre und sollte nur die allernotwendigsten Texte für das Studium der Rechtswissenschaften enthalten.
Vgl. *Lenz*, S. 43; *Beck*, der juristische Verlag seit 1773 in: Festschrift 225 Jahre C. H. Beck, München 1988, S. 19, 26.

Selbstmörder: *Der Retter als Geschäftsbesorger*
Retter von *Selbstmördern* haben Anspruch auf Aufwendungsersatz nach § 679 BGB (Geschäftsführung ohne Auftrag). Letzteres gilt auch dann, wenn der Suizidgefährdete gar nicht gerettet werden wollte.

Sklaverei: *Die ethisch verwerflichste Selbstverständlichkeit*
In alter Zeit gab es auf der ganzen Welt *Sklaverei*. Sie war selbstverständlich und wurde eigentlich niemals in Frage gestellt. Die gesamten Lehren des Zivilrechts der Römer, auf denen heute noch unser Bürgerliches Gesetzbuch fußt, beruhen auf dem Gedanken der Zweiteilung zwischen Sachen und Personen, wobei Sklaven zu den Sa-

chen zählten. Einer der Hauptgründe dafür, weshalb es heute im Bürgerlichen Gesetzbuch einen stark ausgeprägten Minderungs- und Wandlungsanspruch, jedoch einen nur schwach ausgeprägten Nachbesserungsanspruch gibt, ist der, dass es nach altem römischen Recht an Sklaven schlicht und ergreifend »nichts nachzubessern« gab. Man musste sich mit der Minderung des Kaufpreises oder aber mit einer Wandlung des Kaufvertrages begnügen (»Geld zurück«).

Vgl. auch *Asimov*, Buch der Tatsachen, S. 174.

Staudinger: *Das kurioseste Schriftbild in einem Kommentar*
Der juristische Großkommentar *»Staudinger«*, eine der wichtigsten und ausführlichsten Kommentarreihen zum Bürgerlichen Gesetzbuch, wurde bis Ende der 1970er Jahre (!) in altdeutscher Schrift gedruckt (und natürlich auch gelesen).

Streitwert: *Der geringste Streitwert beim BGH*
Der *geringste* vom *Bundesgerichtshof* entschiedene *Streitwert* betrug 43 Pfennig (ca. 21 Cent). Der Fall betraf die Allgemeinen Geschäftsbedingungen einer Bank. In diesen Geschäftsbedingungen war vorgesehen, dass Einzahlungen auf ein Konto erst am nächsten Tag dem Konto gutgeschrieben werden. Ein Bankkunde hatte im vorliegenden Fall auf sein Konto 580 DM eingezahlt und zugleich der Bank einen Überweisungsauftrag über 578,84 DM erteilt. Die Bank belastete zwar sein Konto sofort mit dem überwiesenen Betrag, die Einzahlung wurde aber erst drei Tage später gutgeschrieben, weil dazwischen ein Wochenende lag. Für diese drei Tage berechnete die Bank dem Kunden Überziehungszinsen in Höhe von 43 Pfennig. Der Kunde, der sich bei einem Verbraucherverein beschwerte, veranlasste diesen zur Klage gegen die Bank auf Unterlassung der Verwendung der geschilderten AGB-Klausel im Verfahren nach dem § 13 ff. AGBG. In dem Verfahren, in dem es de facto um 43 Pfennige

ging, konnte der BGH trotz der sonst geltenden Streitwertgrenze von 60 000 DM nur deswegen angerufen werden, weil ein Streitwert von 200 000 DM zu Grunde gelegt wurde. Hier ging es, so wurde mit Erfolg argumentiert, nicht nur um die einzelne Buchung, sondern um die allgemeine Zulässigkeit der Verwendung dieser Klausel.

Vgl. *BGH* NJW 1989, 582; in 1. Instanz: LG Heidelberg NJW 1987, 1645; vgl. auch *BGHZ* 21 Nr. 319 (323), wo es um eine Entscheidung des BGH zum »faktischen Vertrag« durch Benutzung eines Parkplatzes ging; in diesem Verfahren ging es um einen Streitwert von 25 DM.

Tarifvertrag: *Die komplizierteste Bundesangestellten-Tarifvorschrift*
Die vielleicht *komplizierteste* Vorschrift des *Tarifrechts* enthält § 27 des *Bundesangestelltentarifs* (BAT), Bereich »Kommunale Arbeitgeberverbände«:

»Der Angestellte, der nach der Überschreitung des 21. bzw. 23. Lebensjahres eingestellt wird, erhält die Stufe der nächstniedrigen Grundvergütung, als die Stufe, die er zu erhalten hätte, wenn er seit Vollendung des 21. bzw. 23. Lebensjahres in der unmittelbar unter der Anstellungsgruppe liegenden Vergütungsgruppe beschäftigt und am Tage der Einstellung höhergruppiert worden wäre, mindestens jedoch die Anfangsgrundvergütung der Angestelltengruppe.«

Teenager-Justiz: *Der jüngste Richter*
John Payton war erst 18 Jahre und 11 Monate alt, als er im Januar 1991 in Plano, Texas (USA), sein Amt als Friedensrichter (Richter am Arbeitsgericht erster Instanz) antrat.

Vgl. *Guinnessbuch der Rekorde,* 2001, S. 8.

Testament: *Kein Papier notwendig*
Einen weit verbreiteten Irrtum stellt die Auffassung dar, ein *Testament* müsse unbedingt auf Papier geschrieben

sein. Der höchstrichterlichen Rechtsprechung zufolge genügt es vielmehr, den letzten Willen z.B. mit Kreide oder Griffel auf eine Schiefertafel zu schreiben, ihn mit Kohle an die Wand zu kritzeln oder in Glas zu ritzen. Blinden gegenüber ist die Rechtsprechung hingegen eher kleinlich: Sie können einem Urteil des *LG Hannover* zufolge nicht wirksam in Blindenschrift testieren.

Vgl. *BGHZ*, 47, 68, 73 sowie *LG Hannover* NJW 1972, S. 1204; vgl. auch *Köhler*, Üb immer Treu und Redlichkeit, S. 178.

Textausgabe: *Erste Textausgabe zum Bürgerlichen Gesetzbuch*
Die *erste Textausgabe zum Bürgerlichen Gesetzbuch*, das offiziell am 1. Januar 1900 in Kraft trat, wurde von der C.H. Beck'schen Verlagsbuchhandlung in München im Jahre 1896 herausgegeben. Der Text erschien wieder im Jahre 1996 als Faksimileausgabe im gleichnamigen Verlag.

Überfall: *Der Tatbestand »Überfall« steht nicht im Strafgesetzbuch*
Entgegen aller Erwartung ist der Tatbestand des *Überfalls* nicht im Strafgesetzbuch, sondern vielmehr in § 911 des Bürgerlichen Gesetzbuches (BGB) geregelt. Unter dieser bedrohlich klingenden Überschrift wird nicht etwa der Bankraub, sondern das privatrechtlich eher unbedeutende Problem des *Eigentums an Früchten* behandelt, die auf das benachbarte Grundstück hinübergefallen sind. Der Nachbar darf nach der Regelung des § 911 BGB die Äpfel entfernen und als Entschädigung für diesen »Überfall« aufklauben, behalten und selbst essen.

Vgl. *Crombie/van Helsing*, Die kuriosesten Gesetze der Welt, S. 86.

Ungenau: *Die ungenaueste Vorschrift im Bürgerlichen Gesetzbuch*
Die *ungenaueste Vorschrift im Bürgerlichen Gesetzbuch* dürfte § 1618 a BGB sein. Sie lautet wenig konkret:
»*Eltern und Kinder sind einander Beistand und Rücksicht schuldig.*«

Unpfändbarkeit: *Makabere Pfändungsvorschriften*
Sarg, Leichenhemd und Grabstein sind *unpfändbar*. Der Grabstein darf nicht einmal durch den noch nicht bezahlten Steinmetz nach den werkvertraglichen Vorschriften gepfändet werden. Damit dürften Sarg-, Leichenhemd- und Grabsteinhersteller gleichzeitig von allen Berufsvertretern die vollstreckungsrechtlich schwächste Stellung haben.

I. d. S.: AmtsG Bad Schwalbach DGVZ 1984, S. 32; a. A. AmtsG Miesbach MDR 1983, S. 499.

Unterhaltsklage: *Die erfolgreichste Unterhaltsklage aller Zeiten*
Am 14. Juni 1983 wurde der in Belgien geborenen Dena Al-Fassi (damals 23 Jahre alt) die Summe von 81 Mio. Dollar zugesprochen. Sie hatte im Februar 1982 in Los Angeles gegen ihren früheren Ehemann, Scheich Mohammed Al-Fassi (damals 28 Jahre alt) den wohl höchsten *Unterhaltsklageantrag* der Geschichte in Höhe von 3 Mrd. Dollar erhoben. Bei der Begründung der Forderung wurde auf das Vermögen des Scheichs verwiesen, dem allein 14 Anwesen in Florida und zahlreiche Privatflugzeuge gehörten. Die Klägerin erklärte, dass sie die 81 Mio. Dollar »sehr, sehr glücklich« machten.

Vgl. *Das neue Guinnessbuch der Rekorde,* 1995, S. 252.

Urlaubsfreuden: *Der krasseste Reisemangel*
Die wahrscheinlich *großzügigste Reisepreisminderung* erhielt ein Ehepaar aufgrund eines Urteils des *OLG Frankfurt/Main* vom 18. Dezember 1997 zugesprochen: Dem Ehepaar wurde anhand einer differenzierten Berechnung von Minderungs- und Schadensersatzansprüchen letztlich ein höherer Betrag zuerkannt, als es für die Reise überhaupt bezahlt hatte. Alles fing damit an, dass die beiden Kläger bei einer Service-Firma am Frankfurter Flughafen für je 2519 DM (rund 1250 Euro) einen zweiwöchigen Badeurlaub auf den Malediven und in Sri

Lanka gebucht hatte. Diese Reise nahm dann folgenden Verlauf:

Der Abflug am Abend des 23. Dezember verzögerte sich wegen eines Defektes am Flugzeug. Ein Ersatzflugzeug stand nicht zur Verfügung. Wegen der verspäteten Ankunft auf den Malediven verpassten die Eheleute den Anschlussflug zum ersten Teilziel nach Colombo (Sri Lanka). So mussten sie Heiligabend in einer »notdürftigen Absteige« verbringen, wie es im Urteilssachverhalt heißt.

Als sie schließlich doch noch auf Sri Lanka ankamen, war das Hotel überbucht. Als Ersatz konnte nur ein Hotel einige Kilometer außerhalb des Ferienzentrums auf einer unwirtlichen Insel bereitgestellt werden. Zu erreichen war die Insel nur mit einer Fähre, die ihren Betrieb um 22.00 Uhr einstellte.

Der Weiterflug auf die Malediven am 2. Januar endete zunächst um 4.00 Uhr morgens auf dem Flughafen. Erst um 7.00 Uhr kam der Anschlussbus, der die Gäste nach viereinhalbstündiger Fahrt zum Ziel brachte. Dort war das Hotel wieder überbucht, also wurden die Urlauber vom 2. bis zum 5. Januar auf einem Tauchboot untergebracht, das vor der Insel vor Anker lag. Letzteres verfügte immerhin über *ein* WC und *eine* (Salzwasser-) Dusche für *18 Personen*. Die Kabinen waren wegen starken Dieselgeruchs nicht benutzbar, so dass die klagenden Eheleute auf dem Deck schlafen mussten. Die vertraglich zugesagte Vollpension bestand durchgehend aus geangeltem Fisch und Spaghetti.

Auch der Rückflug am 7. Januar kam nicht zustande, und die Kläger konnten erst nach 3 Tagen, für die sie sich *selbst* eine Unterkunft suchen mussten, zurückfliegen.

Vgl. *Sakowski & Sakowski*, Heiteres aus dem rechtlichen Alltag, 2001, www.sakowski.de/heiter/h06.html.

Urteile: *Am häufigsten und am seltensten korrigierte Instanzen*

Nach relativen Zahlen sind die Urteile der Landesgerichte in erster Instanz am häufigsten unrichtig (gut 10 %). In absoluten Zahlen sind es die angefochtenen amtsgerichtlichen Urteile, von denen mehr als 17 000 jährlich korrigiert werden. Am seltensten sind – statistisch betrachtet – Urteile der Oberlandesgerichte unrichtig, nämlich zu nur ca. 2 %.

Vgl. *Bundestagsdrucksache* 10/5317, Tab. S. 61; *Lenz,* S. 121 f.

Verfahrensanzahl: *Die meisten Gerichtssachen*
Die *häufigsten Verfahren* in der gesamten Gerichtsbarkeit der Bundesrepublik Deutschland sind die *Grundbuchsachen* in der freiwilligen Gerichtsbarkeit. Die häufigste Klageart ist die zivilprozessuale *Leistungsklage.*

Verjährungsfrist: *Die kürzeste und die längste Verjährungsfrist*
Die kürzeste Verjährungsfrist beträgt nach § 490 BGB sechs Wochen. Sie gilt für die Ansprüche wegen Sachmängeln beim Viehkauf.
Die längste Verjährungsfrist ist die regelmäßige Verjährungsfrist des § 195 BGB. Sie beträgt 30 Jahre und kann durch Vertrag zwar verkürzt, nicht aber verlängert werden.

Vgl. hierzu die Kritik von *Peter/Zimmermann,* Verjährungsfristen, in: Bundesminister der Justiz (Hrsg.), Gutachten und Vorschläge zur Überarbeitung des Schuldrechts, Band 1, 1981, S. 77, 189, 191; vgl. *Lenz,* S. 251 f.

Verleumdung: *Die höchste Entschädigung für eine Verleumdung*
Vic Fazell, ehemals Bezirksanwalt in Waco, Texas (USA), erhielt am 20. April 1991 die Summe von 58 Mio. Dollar (rund 64 Mio. Euro) zugesprochen. Er hatte geklagt, weil er 1985 von einer Fernsehstation in Dallas und einem ihrer Reporter verleumdet worden war, was sein öffentliches Ansehen ruinierte. Am 29. Juni 1991 erzielten die Parteien eine außergerichtliche Einigung. Dabei dürfte es sich um die höchste Entschädigung für eine Verleumdung gehandelt haben, die weltweit jemals zugesprochen wurde.

Vgl. *Das neue Guinnessbuch der Rekorde,* 1995, S. 252.

Versäumnisurteil: *Die materiell verkehrtesten Rechtssprüche*
Die *verkehrtesten* bewusst erlassenen *Urteile* sind *Versäumnisurteile*: Ein prozessual bedingt ergangenes Versäumnisurteil zugunsten eines Klägers kann diesem in ungerechtfertigter Weise auch dann zu seinem Recht verhelfen, wenn ihm nach materiellem Recht nie eine Rechtsposition zugesprochen werden dürfte. Ein Versäumnisurteil ist – vereinfacht gesagt – ein Urteil, das allein deswegen zu Lasten des nicht Erschienenen ausgesprochen wird, weil dieser a) eben nicht erschienen ist und b) der Klagevortrag halbwegs schlüssig erscheint. So kann der Kläger für Versäumnisurteile einen Anspruch durchsetzen, der beispielsweise auf der gefälschten Unterschrift eines angeblichen Schuldners unter einem beliebigen Kreditantragsformular beruht, wobei die Fälschung dem Gläubiger bekannt war.

Vertrag: *Die häufigste Kontraktart*
Die *häufigste Vertragsform* dürfte der Kaufvertrag sein. Er ereignet sich täglich häufiger als alle anderen Verträge zusammen genommen. Gleichzeitig ist er der Hauptgegenstand von Zivilprozessen vor deutschen Amts-, Land- und Oberlandesgerichten. Um 200 n. Chr. schrieb der berühmte römische Jurist Julius Paulus in den Digesten, 18. Buch, I. Titel, I. Fragment, eine in ihrer logischen Prägnanz kaum zu überbietende Erklärung der Hintergründe des Kaufvertrages:

»Der Kauf hat seinen Ursprung im Tausch. Denn früher gab es nicht das Münzgeld wie heute und wurde nicht das eine Ware und das andere Preis genannt, sondern jeder tauschte, was er gerade brauchte, gegen das, was er gerade nicht brauchte. Wie es meistens so ist, dass der eine zu viel hat, was dem anderen fehlt. Aber es trifft sich nicht immer so leicht, dass auch ich etwas habe, was du haben willst, wenn du etwas hast, was ich brauche. Deshalb hat man sich einen Stoff ausgesucht, der von allen immer als wertvoll angesehen wird und diese Schwierigkeiten des Tausches einfach dadurch beseitigt, dass eine bestimmte Menge davon jeweils den richtigen Gegenwert darstellt. Dieser Stoff wird in einer staatlichen Münze geprägt, und das Eigentum und sein Nutzen ergeben sich nicht zu sehr aus seiner stofflichen Natur, sondern vielmehr aus seinem zahlenmäßigen Betrag. Und nun wird auch nicht mehr beides Ware genannt, sondern das andere ist der Preis.«

Vorname: *Der weiblichst zulässige männliche Vorname*
Vornamen müssen das Geschlecht des Namensträgers erkennen lassen. Eine Ausnahme gilt aber für den Vornamen *Maria*, der auch von Männern (als zweiter Vorname) geführt werden darf. Bei allen anderen Heiligen muss eine geschlechtsspezifische Abwandlung vorgenommen werden.
Vgl. *Diederichsen* NJW 1981, S. 705, 708; ferner: *Köhler*, Üb immer Treu und Redlichkeit, S. 10.

Vortrag: *Das verbreitetste Werk der Rechtsliteratur*
Iherings Vortrag »Der Kampf ums Recht« wird als das am weitesten *verbreitete Werk der Rechtsliteratur* bezeichnet. Der 1872 erstmals veröffentlichte Vortrag wurde bis 1890 in 17 Sprachen übersetzt.
Vgl. *Hollerbach*, Vorbemerkung zur Ausgabe des Vortrags in der Reihe »Deutsches Rechtdenken« (herausgegeben von Erik Wolf, Heft 10),
5. Auflage 1977, zit. n. *Lenz*, S. 113.

Wertpapiere: *Die verkehrsfähigsten Wertpapiere*
Als »*schärfstes Wertpapier*« bezeichnet *Baumann* das Inhaberpapier. Innerhalb der drei Kategorien Rektalpapiere, Orderpapiere und Inhaberpapiere ist die Verkehrsfähigkeit des Inhaberpapiers am höchsten. Es ist ebenso leicht zu übertragen wie eine bewegliche Sache. Der gutgläubige Erwerb eines Inhaberpapiers wird sogar noch besonders weitgehend geschützt, da dieser auch bei gestohle-

nen oder abhanden gekommenen Inhaberpapieren möglich ist (§ 935 Abs. 2 BGB).

Vgl. *Baumann*, Einführung in die Rechtswissenschaft, 8. Auflage 1989, S. 306.

Wirkungsgrad: Niedrigster Lernwirkungsgrad im Jurastudium
Den schlechtesten *Wirkungsgrad* für den Lernprozess im juristischen Studium haben *Haft* zufolge Vorlesungen: Nur zwischen 5 und 20 % der gehörten Informationen bleiben dem Langzeitgedächtnis erhalten. Etwas besser ist der Wirkungsgrad eines Lehrbuchs: Etwa 20 bis 30 % der gelesenen Informationen bekommen einen Platz im Langzeitgedächtnis. Daher empfiehlt *Haft* zur Erhöhung dieser niedrigen Wirkungsgrade das »Lernen durch Handeln«: Bei dieser Art des Lernens sei ein Wirkungsgrad von bis zu 70 % zu erzielen.

Lenz (s. u.) vertritt hierbei die Auffassung, dass diesen hohen Wirkungsgrad von 70 % behaltener Information nur wenige besonders begabte und aktive Studenten erreichen werden. Aber auch mit einem nur geringen Wirkungsgrad von 20 % ließe sich nahezu sicher ein Lernerfolg erzielen. Dazu sei es nur notwendig, die Informationen häufig zu wiederholen: Wenn man einen niedrigen Wirkungsgrad von 20 % annehme, aber eine Aussage im Lauf einer Vorlesung 10-mal wiederhole, sinke die Wahrscheinlichkeit des Vergessens auf rund 10 % (0,8 hoch 10). Lernen durch Wiederholen sei daher die Lernmethode mit dem höchsten Wirkungsgrad, alle anderen seien völlig unzureichend. Die Konsequenz für die juristische Vorlesung: Man müsse sich als Dozent Gedanken darüber machen, welcher Teil des Stoffes am wichtigsten sei, und diesen müsse man in einer Vorlesung eben häufiger wiederholen.

Das Lehrbuch andererseits kranke daran, dass es aus Kostengründen nicht üblich sei, wichtige Aussagen darin mehrfach zu wiederholen, so dass dieser Weg zur Verbesserung des Gesamtwirkungsgrades verbaut würde. Allerdings: Der Student könne das juristische Lehrbuch beliebig häufig lesen, soweit es die insgesamt nur endlich zur Verfügung stehende Zeit erlaube. Dabei sollte der Verfasser aber dem Leser helfen, indem er deutlich mache, welche Aussagen besonders wichtig seien und daher wiederholt gelesen werden sollten.

I. d. S.: *Lenz*, S. 17 ff. Vgl. *Haft*, Einführung in das juristische Lernen, 4. Auflage 1988, S. 15–21.

Zeugenentschädigung: *Die billigsten Prozessbeteiligten*
Die *billigsten Prozessbeteiligten* sind im Zivilprozess die Zeugen und die Parteien selbst. Zeugen werden für ihren Zeitausfall mit mindestens 1,50 Euro und höchstens 10 Euro pro Stunde entschädigt. Die Höhe der Entschädigung richtet sich nach dem regelmäßigen Bruttoverdienst. Für die Parteien eines Zivilprozesses gilt die gleiche Regelung. Dabei wird eine Partei im Zivilprozess nur für die durch die notwendige Wahrnehmung von Gerichtsterminen versäumte Zeit entschädigt, nicht aber für die zur sonstigen Bearbeitung des Prozesses aufgewendeten Stunden.

Vgl. § 2 des Gesetzes über die Entschädigung von Zeugen und Sachverständigen, ZSEG und § 91 Abs. 1 Satz 2 ZPO; *Lenz*, S. 85.

Zinssatz: *Der höchste erlaubte Darlehenszinssatz*
Anders als z.B. im japanischen Recht gibt es im deutschen Privatrecht grundsätzlich keine absolute, gesetzlich festgeschriebene Höchstgrenze für den zulässigen Zinssatz. Durch die Rechtsprechung sind allerdings gewisse Höchstgrenzen *entwickelt* worden. Ausgangspunkt ist dabei § 138 BGB, wonach solche Rechtsgeschäfte nichtig sind, die gegen die »guten Sitten« verstoßen. Deren Grenze wird im Bereich der Darlehenszinssätze nach herrschender Auffassung dann überschritten, wenn der vereinbarte Zinssatz den marktüblichen um mehr als 100 % überschreitet.

Vgl. *Palandt/Heinrichs*, Bürgerliches Gesetzbuch (Kommentar), Anm. 2 b zu § 138 BGB.

Zitate: *Die höchste Anzahl frei erfundener Zitate in einem juristischen Lehrbuch*
Die meisten *frei erfundenen Zitate* finden sich in einem Buch von *Haft*. Der Rechtsprofessor stellt die Behauptung auf, ein Junggeselle sei ein Mann, dem zum Glück die Frau fehle, und belegt diesen Satz mit nicht weniger als 35 frei erfundenen Nachweisen in 11 Fußnoten.
Vgl. *Haft*, Einführung in das juristische Lernen, 4. Auflage 1988, S. 160 ff., zit. n. *Lenz*, S. 186 f.

Zubehör: *Selbstverständlichste Vorschrift im BGB*
Die am wenigsten überraschende aller Definitionen des Bürgerlichen Gesetzbuches lautet:
»Eine Sache ist nicht Zubehör, wenn sie im Verkehre nicht als Zubehör angesehen wird.«
Vgl. § 97 Abs. 1 Satz 2 des Bürgerlichen Gesetzbuchs (BGB).

Zusammenfassung: *Der komprimierteste juristische Text*
Die straffste (und zugleich berühmteste) *Zusammenfassung* fremder Texte sind die römischen *Digesten,* eine Sammlung von Auszügen aus den Werken juristischer Schriftsteller, die einen wesentlichen Teil des Corpus Iuris Civilis (cic) darstellen. Etwa 3 Mio. Zeilen wurden in den *Digesten* auf etwa 150 000 Zeilen komprimiert, was ein Verhältnis von ca. 1:20 ergibt.
Vgl. *Haft*, Aus der Waagschale der Justitia, 2. Auflage 1990, S. 80 ff., zit. n. *Lenz*, S. 32.

Zwitter: *Abgrenzung nach Bürgerlichem Recht*
Rechtlich bedeutsam im Sinne des Bürgerlichen Gesetzbuches ist vielfach das Geschlecht des Menschen (z.B. für das Familienrecht). Die geschlechtliche Zuordnung bestimmt sich nach den äußeren Geschlechtsmerkmalen und nicht nach der seelischen Einstellung. Bei *Transsexuellen* ist das überwiegende Geschlecht ausschlaggebend, wobei in Grenzfällen auch die psychische Einstellung bei der Zuordnung eine Rolle spielen kann.

§ 2
Strafrechtliche Rekorde

Ausbruch: *Nicht jeder Fluchtversuch ist strafbar*
Ein weit verbreiteter Irrtum ist die Annahme, der *Ausbruch* aus einem Gefängnis sei in Deutschland mit Strafe bedroht. Strafbar macht sich der Ausbrecher nämlich nur unter bestimmten Voraussetzungen, so beispielsweise im Falle der Gefangenenmeuterei, oder bei der Begehung einer Sachbeschädigung oder Körperverletzung im Rahmen seiner Ausbruchsaktion, zum Beispiel beim Sprengen der Gefängnismauer oder Niederschlagen des Wärters. Auf jeden Fall sollte der Sträfling gute Kenntnisse des Straf- und Strafprozessrechts haben, um nicht in die »Falle« der Gefangenenmeuterei zu tappen.

Autobruch: *Der erste Kfz-Diebstahl*
Der erste *Autodiebstahl* ereignete sich im Juni 1896 in Paris, als der Peugeot des *Barons de Zuylen* von seinem Mechaniker aus der Werkstatt gestohlen wurde, in welcher der Wagen zur Reparatur war.
Vgl. *Robertson*, Wann war das erste Mal? Wien/Heidelberg 1974.

Autodiebstahl: *Einige interessante Zahlen*
Wussten sie, dass die meisten nicht elektronisch gesicherten Autoschlösser nur einen symbolischen Wert - haben? Sie sind von routinierten Fachleuten mit einfachsten Hilfsmitteln zu öffnen. Eine schwedische Verbraucherschutzorganisation führt jährlich mit einem österreichischen Automobilklub eine Testreihe an Autoschlössern verschiedener Hersteller durch. Am einfachsten ließen sich der Mazda 626, der Mitsubishi Galant und Mitsubishi Charisma öffnen: Das Aufknacken dauerte vier Sekunden. Das Öffnen eines Renault 19, eines Seat Toledo und eines Toyota Corolla dauerte immerhin fünf Sekunden, das Öffnen eines VW Golf sieben Sekunden. »Wesentlich länger« dauert das Knacken beispielsweise bei einem Ford Escort (21 Sekunden), Mercedes C 180 (30 Sekunden) und bei einem Volvo 850 (ebenfalls 30 Sekunden). (Diese Daten sind von

1996 und beziehen sich auf Autos ohne Alarmanlage und Wegfahrsperre). Am liebsten wurde übrigens in Jahre 1996 der VW Golf GTI 16 V gestohlen (3,4 % aller zugelassenen Fahrzeuge in Deutschland 1995), am zweitliebsten der BMW M 3 (2,9 %). Am seltensten wurden die Marken Daihatsu, Renault, Skoda, Peugeot, Volvo und Subaru geklaut. Am häufigsten werden deutsche Autos außer in Deutschland in Polen (12,6 %), in Ungarn (8,1 %) und in Italien (7,2 %) gestohlen, am seltensten in Israel, Algerien und Marokko.

Quelle: »Leichtes Spiel für Langfinger am Auto«, *Frankfurter Allgemeine Zeitung* v. 20. August 1996, »Die aktuellen Klauzahlen«, *ADAC Motorwelt*, September 1996 und *Küppersbusch*, »Autodiebstahl hat Probleme der Rückführung«, Redetext, München 1996, zit. n. *Krämer/Schmidt*, Das Buch der Listen, S. 266 f.

Bankautomat: *Die unglücklichsten Geldautomatenknacker*
Ziemlich unglücklich stellten sich Gangster in *Sarmund* bei Potsdam an, als sie versuchten, den Geldautomaten einer Bank zu stehlen. Sie setzten mit einem entwendeten Lkw rückwärts durch die gläserne Eingangsfront in die Bank, anschließend verbanden sie den Automaten mit Hilfe eines Seiles mit der Anhängerkupplung des Lastwagens. Danach fuhren sie an und entkamen mit der aus ihrer Verankerung gerissenen Beute: dem Kontoauszugdrucker ...

Vgl. *Gansel*, Kriminaltango – die Chronik der dümmsten Gauner und Ganoven, http://freunde.imperium.de/gansel/kriminal.htm

Bankräuber: *Eifrigster Sparkassenschreck*
Deutschlands erfolgreichster Bankräuber ist der als »Mann mit dem Trachtenhut« bekannte *Harald Zirngibl*. Zwischen März 1992 und November 1998 erbeutete er bei mindestens 16 Banküberfällen 4 618 810 Mark (rund 2,3 Mio. Euro).

Zey, Echt wahr, S. 54.

Beleidigungen: *Die derbsten strafbaren Beschimpfungen*

Zur allgemeinen Erheiterung lohnt es sich immer wieder, die Strafrechtskommentare unter der Rubrik »*§ 185 StGB – Beleidigung*« zu durchforsten. Hier eine kurze Auflistung der originellsten von den Strafkammern der Gerichte abgeurteilten »*Kundgebungen der Nichtachtung oder Missachtung*« (so die Juristendefinition der Beleidigung, Vorsatz vorausgesetzt):

- Bezeichnung einer Fernsehansagerin als »ausgemolkene Ziege«
  Vgl. *BGHZ* 39, 235.
- »Scheißbulle«
  Vgl. *OLG Oldenburg,* JR 1990, 128.
- »Wegelagerer« für einen Streifenpolizisten
  Vgl. *Dreher/Tröndle*, StGB, § 185 Rdnr. 9.
- Darstellung eines Menschen als kopulierendes Schwein
  Vgl. *OLG Hamburg,* NJW 1985, 1654.
- Offiziere als »Wehrsklavenhalter«
  Vgl. *LG Kaiserslautern* NJW 1989, 1369.
- Vergleich der Kenntnisse eines Richters mit denen eines Rechtskandidaten
  Vgl. *Dreher/Tröndle*, StGB, § 185 Rdnr. 9.
- Aufgeben eines kompromittierenden Zeitungsinserats unter dem Namen und der Telefonnummer eines anderen
  Vgl. *NStZ*, 1984, 216.
- Vorwurf der »Liquidierung von Rentnern« durch ein Kostendämpfungsprogramm
  Vgl. *BayObLG NStZ* 1983, 126.
- Bezeichnung von Bankiers als »mafiavergleichbare Gestalten«
  Vgl. *OLG Hamm*, DB 1980, 1215.
- Bezeichnung eines Richters als »Verfassungsfeind«, oder seine Zuordnung zum »Volksgerichtshof«
  Vgl. *OLG Koblenz,* OLGSt., S.52, resp. *OLG Hamburg* NJW 1990, 1246.
- Höhnische Begrüßung eines Gemeindevorstehers während des Urinierens
  Vgl. *RG LZ* 16, 1037.

Rat an den Richter, »in Rente zu gehen, weil im Alter der Kalk rieselt«

Vgl. *OLG Köln*, OLGSt., S. 39.

Betrug: *Die dämlichsten Betrugsopfer*
Die wahrscheinlich *naivsten Betrugsopfer* dürften insgesamt acht unabhängig voneinander geschädigte Kunden einer 35-jährigen Kriminellen gewesen sein, die in Köln Gästen eines Eiscafés Videorecorder im Wert von angeblich 1500 DM (ca. 750 Euro) für den Kaufpreis von sage und schreibe 100 DM (ca. 50 Euro) feilbot. Den interessierten Kunden zeigte die vermeintliche Schnäppchenverkäuferin einen Pappkarton in einer Plastiktüte, aus dem ein Kabel mit Stecker heraushing. Insgesamt acht Interessenten gingen auf den Handel ein. Nachdem die Frau das Lokal verlassen hatte, stellten die anfangs euphorischen Kunden fest, dass die Kartons lediglich mit Pflastersteinen gefüllt waren.

Vgl. *Kölner Stadtanzeiger* vom 24.05.1988.

Beweismittel: *Das unzuverlässigste Beweismittel*
Das Geständnis ist das *unzuverlässigste Beweismittel* im Strafprozess. Manche Rechtsordnungen, so die japanische, schließen daher ausdrücklich die Verurteilung eines Angeklagten allein auf der Grundlage seines Geständnisses aus.

Vgl. *Lenz*, S. 112.

Bigamist: *Der ungeschickteste Bigamist*
Ausgesprochen unvorsichtig stellte sich ein gewisser *Edgar Hunter* aus den Vereinigten Staaten von Amerika an. Er wurde im Rahmen einer Fernsehshow in Phönix, (Arizona), als »idealer Ehemann« ausgewählt. Am Bildschirm erkannte ihn seine erste Frau wieder. Die Polizei holte ihn am nächsten Tag ab, nachdem diese Strafanzeige wegen Bigamie erstattet hatte.

Gruhle, Das neue Lexikon der Niederlagen, S. 42.

Bombenanschläge: *Das heimgesuchteste Hotel*
Das mit 29 *Bombenanschlägen* am häufigsten zerstörte Hotel der westlichen Welt ist das *Hotel Europa* in Belfast.
Zey, Echt wahr, S. 50.

Buch: *Das meistgestohlene Buch*
Das »*Guinness Book of World Records*« hat einen eigenwilligen eigenen Rekord aufgestellt: Von allen Büchern in öffentlichen Bibliotheken wird es am häufigsten gestohlen.
Haefs, Handbuch des nutzlosen Wissens, S. 75.

Clinton: *Erste Aussage unter Eid als Beklagter*
Bill Clinton war der erste Präsident in der Geschichte der Vereinigten Staaten von Amerika, der unter Eid als Beklagter in *eigener* Sache aussagte. Dabei handelte sich um den Eid im Fall *Paula Johnes* am 17. September 1998.
Vgl. Zey, Echt wahr, S. 40.

Dauerprozess: *Der längste Strafprozess*
Der *längste Strafprozess* in der Rechtsgeschichte der Bundesrepublik Deutschland dauerte von Juni 1974 bis Anfang 1991. Im Juni 1974 wurde in Berlin der Student Ulrich Schmücker durch einen Kopfschuss getötet. Zu der Tat bekannte sich ein »Kommando Schwarzer Juni«, als Grund für den Mord wurde angegeben, Schmücker sei ein Verräter gewesen, der mit dem Verfassungsschutz zusammengearbeitet habe.
Im Frühjahr 1989 hob der BGH zum dritten Mal ein Urteil des Landgerichts Berlin in dieser Sache auf. Dieses Urteil vom 3. Juli 1986 erging nach einer über fünf Jahre dauernden Hauptverhandlung.
Über fünfzehn Jahre nach der Tat mußte der Prozess damit noch einmal von vorne anfangen. Ein Jugendgericht mußte gegen Angeklagte verhandeln, von denen selbst der jüngste 1989 schon 33 Jahre alt war, denn für die Zuständigkeit der Jugendkammer ist der Zeitpunkt der Tat maßgeblich.

Das Landgericht stellte im Jahre 1991 das Verfahren wegen übermäßig langer Dauer ein.

Vgl. *Lenz*, S. 238 f.; ferner: *Der Spiegel* Nr. 6/1991, S. 246.

Deterministen: *Die täterfreundlichste Kriminallehre*
Eine bestimmte Glaubensrichtung in der Kriminalwissenschaft, deren Anhänger als *»Deterministen«* bezeichnet werden, verneint die Willensfreiheit des Kriminellen. Sie geht also davon aus, dass sich ein Verbrecher nicht wirklich für das »Gute« oder das »Böse« entscheiden kann. Er *muss* mithin die kriminelle Tat zwangsläufig verüben. *Paul Schlesinger* hat den Standpunkt der Deterministen anschaulich formuliert:

»Der Mensch, der schießt, ist ebenso unschuldig wie der Kessel, der explodiert, die Eisenbahnschiene, die sich verbiegt, der Blitz, der einschlägt, die Lawine, die verschüttet. Alles tötet den Menschen, auch der Mensch tötet den Menschen. Die Menschheit sucht sich gegen die Gewalt und Willkür der Natur durch allerhand Erfindungen zu schützen, z.B. den Blitzableiter oder den Rettungsring. Um sich gegen den Menschen zu schützen, erfand der Mensch das Strafgesetz. Den Kaffeekessel, der explodiert, schickt man zum Klempner, den Menschen ins Gefängnis.«

Vgl. *Schneider*, Recht und Gesetz – die Welt der Juristen, S. 216 f. mit Verweis auf *Sling*, Richter und Gerichtete, Neuausgabe 1969, S. 117.

Dilettanten: *Die dümmsten Bankräuber*
Mitte August 1975 wollten drei Männer in *Rothesay* (Schottland) die Königliche Bank ausrauben. Die Tat misslang ihnen aber gründlich:
Auf dem Weg in die Schalterhalle blieben die Räuber zunächst in der Drehtür stecken, so dass hilfreiche Bedienstete der Bank sie befreien mussten. Darauf bedankten sich die drei und verließen das Bankgebäude. Wenig später drangen sie erneut – diesmal erfolgreich – zum Kassenschalter vor und forderten die Herausgabe von 5000 Pfund. Leider nahm keiner der Bediensteten die

Burschen ernst, der Kassierer konnte sich kaum einkriegen vor lachen, so komisch wirkten die drei Figuren auf ihn.
Diese Reaktion verunsicherte die Bande so sehr, dass ihr Anführer die Forderung erst auf 500 Pfund und dann gar auf 50 Pfund senkte. Jetzt brüllte die gesamte Belegschaft vor Vergnügen.
So viel Missachtung seiner kriminellen Absicht veranlasste einen der Räuber zu einem beherzten, aber ungeschickten Sprung über den Tresen. Bei der Landung rutschte er aus und landete mit viel Spektakel auf dem Hosenboden. Durch dieses neuerliche Unglück enerviert, traten die beiden anderen Männer die Flucht an. Sie kamen aber nicht weit, weil sie in ihrer Verwirrung in der falschen Richtung durch die Drehtür stürmen wollten und erneut stecken blieben.

Vgl. *Gansel*, Kriminaltango – die Chronik der dümmsten Gauner und Ganoven, http://freunde.imperium.de/gansel/kriminal.htm

Diplomaten: *Die größten Verkehrsrowdies*
Im Jahre 1995 wurden von der Bonner Polizei bei ausländischen Diplomatenautos insgesamt 15 891 Verstöße gegen geltendes (deutsches), aber wegen des Diplomatenstatus der Fahrzeughalter nicht zu vollstreckendes Straßenverkehrsrecht gezählt; allerdings waren davon immerhin 15 537 Verstöße Parkdelikte. Die Nationen mit den meisten Verkehrsverstößen *pro Fahrzeug*: 1. Senegal (56 Verstöße), 2. Mexiko (44 Verstöße), 3. Armenien (28 Verstöße), 4. Lettland (22 Verstöße), 5. Lesotho (19 Verstöße). Die vorbildlichsten Autofahrer unter den Bonner Diplomaten waren diejenigen aus Tonga (0) und Großbritannien (0,08). Vorbildlich ferner: die USA (0,16) und Polen (0,21).

Vgl. Quelle: *Presseamt der Stadt Bonn*: Persönliche Mitteilungen 1996, zit. n. *Krämer/Schmidt*, Das Buch der Listen, S. 127 f.

Drogen: *Die häufigsten Drogenherkünfte*
Die Einfuhr von *Cannabis* wurde im Jahre 1995 am häufigsten in Seehäfen (9,6 t), am zweithäufigsten an der niederländischen Grenze (1,3 t), am dritthäufigsten in Flughäfen (275 kg), am vierthäufigsten an der Grenze zur Schweiz (119 kg) und am fünfthäufigsten an der zu Österreich (58,5 kg) entdeckt und vereitelt. Die meisten Ecstasy-Tabletten fand man an den Grenzen zu den Niederlanden (64 483 Stück), der Schweiz (6688 Stück) und zu Österreich (4140 Stück).

Vgl. Quelle: *Bundeskriminalamt*: Rauschgiftjahresbericht Bundesrepublik Deutschland 1995, Wiesbaden 1996.

Drogen: *Sozialadäquate Rauschmittel*
Einige Drogen, die unzweifelhaft Rauschmittel darstellen, fallen aus historischen oder gesellschaftspolitischen Gründen *nicht* unter das Betäubungsmittelgesetz. Hierzu zählen beispielsweise Rauschmittel wie Alkohol und Muskatnuss. Interessant ist dabei, dass der Alkohol weltweit die Todesdroge Nr. 1 ist.

Dummheit: *Die dämlichsten Kriminellen*
Unterbelichtete Verbrecher gab es immer und wird es immer geben, und es ist dabei eigentlich kaum möglich, eine objektiv messbare Rangfolge der dümmsten Verbrecher und Kriminellen aufzustellen. Hier jedoch einige Paradebeispiele:
- Der verhinderte Kriminelle *J. Ealey* beging in Detroit einen Einbruch, ließ aber versehentlich seinen Hund am Schauplatz des Verbrechens zurück. Die Alarmanlage rief die Polizei auf den Plan. Die Beamten riefen: »Braver Hund, lauf nach Hause!«, folgten dem Tier und trafen kurz nach dem Einbrecher bei ihm zu Hause ein.
- Im Gefängnis von Saltiello in *Nord-Mexiko* wurde von mehreren Insassen in fünfmonatiger Arbeit ein Tunnel in die Freiheit gegraben. 55 Sträflinge kletterten durch den Fußboden am Ende des Tunnels – in den Gerichts-

saal, in dem die meisten von ihnen abgeurteilt worden waren.
- Ein schlecht informierter Ladendieb in *Barnsley, England*, wurde gleich von vier Warenhausdetektiven ertappt. Kein Zufall: An diesem Tag fand unpassenderweise in just diesem Geschäft eine Tagung von Warenhausdetektiven statt.
- Als ein Parkuhrenknacker die Kaution für einen verhafteten Freund hinterlegen wollte, wurde er selbst verhaftet. Er versuchte, den Betrag mit einem Haufen kleiner Münzen zu begleichen.
- Ein Bankräuber in Portland, Oregon, schob dem Kassierer einen Zettel zu: »*Dies ist ein Überfall. Ich habe einen Revolver.*« Der Kassierer wartete, und der Räuber schrieb weiter: »*Packen Sie das ganze Geld in eine Papiertüte!*« Der Kassierer schrieb unten auf den Zettel: »*Ich habe keine Papiertüte.*« Der Ganove verließ entnervt die Bank.

Ehebruch: Raue Sitten mit Ausnahme

Der *Ehebruch* war nach dem Alten Testament, dem römischen und dem germanischen Recht mit dem Tode zu bestrafen. Das galt auch im Rahmen der meisten anderen antiken Rechtsordnungen, allerdings im Regelfall nur zu Lasten von Frauen.

Es gab aber auch großzügige Ausnahmen von dem Verbot oder von der Strafbarkeit des Ehebruchs, so zum Beispiel nach dem *Hattinger Landrecht*. Zitat:

»*Item so erkenne ich auch für Recht, so ein Mann das Frauenrecht nicht vollziehen kann, so soll er sie aufnehmen und tragen über sieben Zäune und bitten seinen Nachbarn, dass er seiner Frau helfe; wenn ihr geholfen ist, so soll er sie wider tragen nach Haus und setzen sie sacht nieder und ihr ein gebratenes Huhn und eine Kanne Wein vorstellen.*«

Das *Bochumer Landrecht* verlangte, dass der Mann die Frau über neun Zäune tragen und danach fünf Stunden lang um Hilfe rufen musste.

In der englischen Rechtssprache heißt der Ehebruch übrigens »criminal conversation« (dt.: »Kriminelle Unterhaltung«).

Vgl. *Kulturlexikon*, a. a. O., S. 312; ferner: Lex Julia d Adulteriis; *Tacitus*, Germania, IX; jeweils zitiert nach *Teubner*, Satirisches Rechtswörterbuch, S. 38.

Eid: *Ursprünglich andere Bedeutung*
Heutzutage dient der Eid hauptsächlich als letztes Beweismittel und zur Bekräftigung sowie zur Steigerung der Zuverlässigkeit einer Aussage. Dies war jedoch nicht immer so. Die alten Römer nutzten ihn hauptsächlich zur »Zügelung böswilligen oder leichtfertigen Prozessierens«; bei den Germanen diente er – neben seiner Funktion als letztes Beweismittel – als bedingte Selbstverfluchung und hatte die Wirkung eines Urteils.

Vgl. *Gaius,* Inst. IV 171 f., 174; *Eisenhart*, Grundsätze des deutschen Rechts in Sprichwörtern, Anm. 272; *Ewalds* zit. n. *Teubner*, Satirisches Rechtswörterbuch, S. 40.

Elektrischer Stuhl: *Das zweckentfremdetste Tötungswerkzeug*
Zur Vollstreckung der Todesstrafe bestellte *Kaiser Melenik II von Abessinien* (heute: Äthiopien) gegen Ende des letzten Jahrhunderts drei *elektrische Stühle* bei einem US-amerikanischen Hersteller. Als die Todesstühle eintrafen, stellte man jedoch fest, dass es in Abessinien noch keinen elektrischen Strom gab. Kaiser Melenik II machte jedoch aus der Not eine Tugend: Er verwendete einen der formschönen Stühle als Thron.

Vgl. *Gruhle*, Das neue Lexikon der Niederlagen, S. 104.

Ewigkeit: *Die längsten Freiheitsstrafen*
Chamoy Thipyaso, eine Thailänderin, sowie sieben ihrer Komplizen wurden vom Strafgericht in Bangkok (Thailand) am 27. Juli 1989 jeweils zu schlappen 141 078 Jahren Freiheitsstrafe verurteilt. Sie hatten die Öffentlichkeit mit Betrügereien im mehrstelligen Millionenbereich geschädigt. Am längsten tatsächlich *eingesessen* hat *Paul Gei-*

del (1894–1987), der wegen eines Mordes an einem 17-jährigen Hotelportier am 5. September 1911 zu einer lebenslänglichen Gefängnisstrafe verurteilt, dann aber doch im Alter von 85 Jahren am 7. Mai 1980 entlassen wurde, nachdem er 68 Jahre, 8 Monate und 2 Tage im Zuchthaus abgesessen hatte.

Vgl. *Guinnessbuch der Rekorde,* 1991, S. 554.

Exhibitionismus: *Nicht immer war Exhibitionismus strafbar*
Die Mode des mittelalterlichen England diktierte, dass man seine nackten Genitalien unter kurzen Tuniken zur Schau stellte. Wenn das gute Stück nicht groß genug war, konnte mit einem fleischfarbenen Polster – »Praket« genannt – nachgeholfen werden. Im Jahre 1548 schließlich erließ Eduard VI ein Gesetz, dass es jedem Mann unterhalb des Ranges eines Lords verbot, »sein Gemächt und seinen Hintern« öffentlich zu zeigen. Übrigens war durchsichtige Kleidung während der Herrschaft von Kaiser Nero der letzte Schrei in Rom. Brüste und Genitalien waren deutlich zu erkennen, was *Seneca* zu folgendem Kommentar veranlasste: »Unsere Frauen können ihren Liebhabern im Schlafzimmer nichts mehr zeigen, was sie nicht auch schon auf der Straße zur Schau gestellt haben.«

Vgl. *Shaw,* Das Lexikon der Geschmacklosigkeiten, S. 197 f.

Exotischste Delikte: *Die unbekanntesten strafbaren Handlungen*
Im Strafgesetzbuch gibt es eine ganze Reihe von Delikten, die gemeinhin dem Nicht-Juristen kaum bekannt sind. Hier einige Möglichkeiten, sich strafbar zu machen:
- § 80 StGB: *Vorbereitung eines Angriffskrieges*: Sollten Sie vorsätzlich Kriegsmaterial beschaffen, mobilisieren oder Offensivbündnisse abschließen und führen Sie dadurch die Gefahr eines Krieges für die Bundesrepublik Deutschland herbei, so können Sie mit lebenslanger Freiheitsstrafe oder mit Freiheitsstrafe nicht unter 10 Jahren bestraft werden.

- § 81 StGB: *Hochverrat gegen den Bund:* Wenn Sie einen Massen- und Generalstreik mit weit reichender Wirkung (z.B. Beeinträchtigung der Bevölkerung durch Lahmlegung der Versorgung) unternehmen, so können Sie ebenfalls zu Lebenslänglich verurteilt werden.
- § 90 StGB: *Verunglimpfung des Bundespräsidenten:* Sollten Sie sich mit dem Gedanken tragen, im Rahmen einer Versammlung oder schriftlich den Bundespräsidenten zu »verunglimpfen«, so müssen sie mit einer Freiheitsstrafe von drei Monaten bis fünf Jahren rechnen. Strafbar machen Sie sich allerdings nicht, wenn es sich lediglich um unwesentliche Entgleisungen *(vgl. BGHSt 12, 364, 16, 339)* handelt, oder wenn das Zusammentreffen mit dem Bundespräsidenten rein persönlichen Zwecken diente (wenn Sie zum Beispiel auf seiner Geburtstagsfeier eingeladen waren).
- § 90 a StGB: *Verunglimpfung des Staates und seiner Symbole:* Mit einer Freiheitsstrafe von bis zu drei Jahren oder mit einer Geldstrafe müssen Sie rechnen, wenn Sie die Bundesrepublik Deutschland als *»Coca-Cola-Bude«* bezeichnen *(BGHSt 3, 346)* oder aber die Bundestagswahl als *»Betrugsmanöver«* bezeichnen *(VGH Mannheim NJW 1976, 2177).* Außerdem muss das ganze »böswillig« erfolgen.
- § 102 StGB: *Angriff gegen Organe und Vertreter ausländischer Staaten:* Zu einer Freiheitsstrafe bis zu fünf Jahren oder einer Geldstrafe können Sie verurteilt werden, wenn Sie beispielsweise einen Botschafter ohrfeigen, aber auch jede andere leichte Körperverletzung genügt. Den gleichen Schutz genießen ausländische Staatsoberhäupter oder Regierungsvertreter, aber nur, wenn sie sich in amtlicher Eigenschaft in Deutschland aufhalten.
- § 109 h StGB: *Anwerben für fremden Wehrdienst:* Mit einer Freiheitsstrafe von drei Monaten bis zu fünf Jahren müssen Sie rechnen, wenn Sie zugunsten einer ausländischen Macht einen Deutschen zum Wehrdienst in einer militärischen oder militärähnlichen Einrichtung (z.B. Polizeitruppen) anwerben.

- § 131 StGB: *Gewaltdarstellung:* Eigentlich müsste jeder Krimiproduzent zu einer Freiheitsstrafe bis zu einem Jahr oder zu einer Geldstrafe verurteilt werden, da er im Regelfall »grausame oder sonst unmenschliche Gewalttätigkeiten gegen Menschen in einer Art schildert, die eine Verherrlichung oder Verharmlosung solcher Gewalttätigkeiten ausdrückt oder die das Grausame oder Unmenschliche des Vorgangs in einer die Menschenwürde verletzenden Weise darstellt«: Für die Erfüllung des Tatbestandsmerkmals »unmenschlich« genügt es nämlich schon, dass eine Handlung – ohne grausam zu sein – Ausdruck einer menschenverachtenden und rücksichtslosen Gesinnung ist, so z.B. das völlig bedenkenlose, kaltblütige und sinnlose Niederschießen von Menschen *(BVerfGE 87, 226)*. Letzteres gilt allerdings nicht für »menschlich noch einigermaßen verständliche, wenn auch rechtswidrige Gewalttätigkeiten«.
- § 144 StGB: *Auswanderungsbetrug:* Mit einer Freiheitsstrafe bis zu zwei Jahren oder einer Geldstrafe müssen Sie rechnen, wenn Sie es sich zum Geschäft machen, Deutsche betrügerisch mit unbegründeten Angaben zur Auswanderung zu verleiten.
- § 145 StGB: *Mißbrauch von Notrufen:* Zu einer Freiheitsstrafe bis zu einem Jahr oder einer Geldstrafe können Sie verurteilt werden, wenn Sie, ohne dass ein Notfall vorliegt, wissentlich SOS-Rufe ausstoßen, Not anzeigende Leuchtkugeln abschießen oder die Feuerglocke läuten.
- §167 StGB: *Störung einer Bestattungsfeier:* Wenn Sie eine Bestattungsfeier absichtlich oder wissentlich stören (eine »leichte« Störung genügt), müssen Sie ebenfalls mit einer Freiheitsstrafe bis zu drei Jahren oder mit einer Geldstrafe rechnen. Zur Bestattungsfeier gehört auch der Leichenzug. Die Anwesenheit des Toten wird nicht vorausgesetzt.
- § 168 StGB: *Störung der Totenruhe.* Strafbar (bis zu drei Jahren oder Geldstrafe) machen Sie sich auch, wenn Sie Leichenteile unbefugt entfernen. Zu den Leichenteilen

gehören kurioserweise zum Beispiel auch Zahnkronen, Brücken und Herzschrittmacher, nicht jedoch Zahn- und sonstige Prothesen *(vgl. Schönke/Schröder § 168 Rdnr. 3)*.

Fahrlässige Tötung: *Älteste Regelung zur fahrlässigen Tötung*
Die wahrscheinlich *älteste bekannte Regelung* zur nicht vorsätzlichen Tötung eines Menschen findet sich in der *lex aquilia de damno* aus dem Jahre 286 v. Chr. Dort wurde ein real geschehener Fall per übernommener Rechtsprechung in Gesetzesform gegossen (was damals nicht selten war). Die Regelung:

»Einige spielten Ball, und einer von ihnen stieß heftiger den Ball, dieser fiel einem Barbier auf die Hand, der gerade einen Sklaven rasierte, und dessen Kehle wurde auf diese Weise durchschnitten ... Prokulus meint, beim Barbier liege ein Verschulden. Das ist sicher richtig, wenn er an einem Platz rasierte, wo in der Regel gespielt wird oder wo immer ein lebhafter Durchgangsverkehr stattfindet; allerdings wird auch folgendes nicht zu Unrecht gesagt: »Wer sich einem Barbier anvertraut, der an einem gefährlichen Ort seinen Sessel aufgestellt hat, der muss die Folgen sich selbst zuschreiben.«

Ulpian, Dig. 9, 2, 11 pr.; zit. n. *Teubner*, Teubner's satirisches Rechtswörterbuch, S. 65.

Falschparken: *Rekordzahl an Strafzetteln*
Im Jahr 1989 erhielt die sowjetische UN-Delegation insgesamt 7612 Strafzettel wegen *Falschparkens*. Überboten wurde diese Zahl nur noch von der Anzahl der ignorierten Strafzettel wegen unerlaubten Autoabstellens durch die russische UN-Delegation in New York Anno 1996: Insgesamt waren es 31 288 nicht bezahlte Strafmandate.
Vgl. *Hartston*, Das Lexikon der Zahlen, S. 230 und 269.

Frauenfreispruch: *Der erste BGH-Mordanklage-Freispruch für eine Frau*
Die erste Frau, die vom Bundesgerichtshof von einer

Mordanklage freigesprochen wurde, war *Elisabeth Frederiksen*. Das Urteil erging am 21. Januar 1999.

Vgl. *Zey*, Echt wahr, S. 48.

Freispruch: *Ein seltener Luxus*

Weniger als 10 % aller Strafprozesse enden mit einem *Freispruch*. Allerdings werden rund zwei Drittel aller Strafverfahren bereits im Ermittlungsverfahren von der Staatsanwaltschaft eingestellt.

Vgl. *Roxin/Arzt/Tiedemann*, Einführung in das Strafrecht und Strafprozeßrecht, 3. Auflage 1994, S. 120 und 135.

Gefängnisstrafe: *Die jüngste Strafform*

Die *Gefängnisstrafe* entstand erst um das Jahr 1600 in England und Holland. Gängige Strafen vor dieser Zeit waren, vermutlich aufgrund finanzieller Überlegungen, die Todes- und die Geldstrafe.

Vgl. *Wesel*, Fast alles, was Recht ist, S. 238.

Geiselnahme: *Das telegenste Delikt*

Die Geiselnahme (§ 239 b StGB) ist aufgrund der langen Zeitspanne, die sie in Anspruch nehmen kann, zudem wegen der für Reporter oft idealen lokalen Gegebenheiten und dem in aller Regel dramaturgisch überzeugenden Arrangement, sicher das *telegenste aller Delikte*.

Geldbörse: *Die ehrlichsten Finder-Städte in Europa*

Die Zeitschrift *Readers Digest* prüfte im Jahre 1996 die Ehrlichkeit von Findern in europäischen Städten: In insgesamt zwanzig Städten wurden je zehn Portemonnaies mit etwas Geld (etwa 75 Euro), Familienfotos und den Adressen der Besitzer »verloren«. Rund 60 % der Geldbörsen wurden zurückgegeben, aber mit großen regionalen Unterschieden. Hier die Rangfolge der ehrlichsten (bzw. unehrlichsten) Städte, jeweils mit der Angabe, wie viele von zehn verlorenen Geldbörsen retourniert wurden:

- Am ehrlichsten waren die Finder in Oslo (Norwegen)

und Odense (Dänemark): Alle zehn Geldbörsen wurden zurückgebracht.
- Auf dem zweiten Rang lag die Stadt Lahti in Finnland mit acht zurückgebrachten Geldbeuteln,
- dann folgten sechs Städte, die sich gemeinsam Rang drei teilten (sieben zurückgebrachte Geldbörsen): Burgos (Spanien), Leeuwarden (Niederlande), London, Stockholm, Stuttgart und Wien.
- Je sechs Geldbörsen wurden in Liverpool und Paris zurückgegeben (Rang vier), mit jeweils fünf Geldbörsen teilten sich Brüssel, Den Haag, Lissabon und St. Gallen (Schweiz) Rang fünf.
- Auf dem sechsten Rang fanden sich Visvu (Portugal) gemeinsam mit Mailand mit je vier abgelieferten Geldbörsen.
- Schlusslicht waren Ravenna (Italien), Weimar und Lausanne (Schweiz); in diesen Städten wurden jeweils nur zwei Geldbörsen zurückgebracht.

Quelle: *»So whom can you trust?«*, *W. Konamest*, 22. Juni 1996, zit. n. *Krämer/Schmidt*, Das Buch der Listen, S. 264 f.

Geldfälschung: *Der erste Falschmünzer*
Diogenes aus Sinope (ca. 412–323 v. Chr.) gilt seit jeher als das Sinnbild der Anspruchslosigkeit. Er lebte in einer Tonne und besaß nur einen Becher zum Trinken. Aber selbst den warf er noch weg, als er sah, wie ein Junge Wasser zum Trinken mit der Hand schöpfte. Ausgerechnet dieser bedürfnislose *Diogenes* soll der erste urkundlich erwähnte Falschmünzer gewesen sein. Vorausgesetzt, man glaubt seinem Namensvetter Diogenes Laertios, der ungefähr 100 Jahre später gelebt hat. In dessen Werk *»Vitae Philosophorum«* (die Lebensläufe der Philosophen) berichtet er, dass der Vater des Diogenes von Sinope Münzpächter und Geldwechsler war. Dieser soll seinen Sohn dazu verpflichtet haben, ihm bei der illegalen Herstellung von Münzen behilflich zu sein.

So: *www.moneymuseum.com/standart/raeume/geld_machen/bank ... /kurioses_unten.htn*

Geldstrafe: *Die häufigste und beliebteste Strafe*
Die *häufigste Strafe* ist die *Geldstrafe*. Sie wird in rund 85 % aller Verfahren verhängt. Früher gab es übrigens vier Arten von Freiheitsstrafen: Zuchthaus, Gefängnis, Einschließung und Haft. Diese Regelung galt, bis 1970 diese Unterscheidung aufgegeben wurde. Insbesondere hatte die »soziale Brandmarkungswirkung der Zuchthausstrafe« zumeist verhindert, dass der Entlassene in der Gesellschaft je wieder Fuß fassen konnte. Die Geldstrafe ist zugleich die *beliebteste* Strafe bei Justiz und Täter, da sie dem Staat Geld einbringt und dem Täter einen »Freispruch zweiter Klasse« verheißt.
Vgl. *Roxin/Arzt/Tiedemann*, a. a. O., S. 13 f. und 57.

Germanen: *Nicht jeder Raub war strafbar*
Es ist ein Irrtum zu glauben, dass zu jeder Zeit in Deutschland jede Art von Raub oder Raubüberfall strafbar war oder gar grausam geahndet wurde. Unsere germanischen Vorfahren beispielsweise hielten nur den Raub an einem Wehrlosen oder einen mit übermäßiger Gewalt begangenen Raub für kriminell.
Vgl. *Teubner*, Teubner's satirisches Rechtswörterbuch, S. 130.

Gnadenerlass: *Die berühmteste Amnestie*
Die 4-jährige Gefängnisstrafe des Schusters *Wilhelm Voigt*, der als »Hauptmann von Köpenick« berühmt geworden ist, wurde per *Gnadenerlass* des Kaisers auf 20 Monate verkürzt.
Vgl. *Zey*, Echt wahr, S. 47.

Hässlichkeit: *Schlechtes Aussehen als Handicap im Strafprozess*
Das Rechtssystem des 17. Jahrhunderts benachteiligte weniger gut aussehende Zeitgenossen – Hässlichkeit galt als eindeutiges Zeichen dafür, dass der oder die Betreffende schuldig war. Der französische Rechtsexperte *Henry Boguet* erklärte, dass ein abstoßendes Gesicht Grund genug sei, einen Mann der Folter zu unterziehen und ein Ge-

ständnis aus ihm herauszupressen. Im Mittelalter herrschten Gesetze, die davon ausgingen, dass, wenn zwei Menschen des gleichen Verbrechens verdächtigt wurden, immer derjenige unschuldig war, der besser aussah.

Vgl. *Shaw*, Das Lexikon der Geschmacklosigkeiten, S. 371.

Heimtücke: *Vergiften mit wohl- oder übelschmeckendem Brei*
Vergiftet eine Mutter ihr Baby mit einem *wohlschmeckenden* Brei, so begeht sie – bei Vorliegen der übrigen Tatbestandsvoraussetzungen – einen heimtückischen Mord (§ 211 Abs. 2 StGB, lebenslängliche Freiheitsstrafe). Vergiftet sie ihr Baby hingegen mit einem *übelschmeckenden* Brei, so macht sie sich – sofern keine anderweitigen Schuldmerkmale im Sinne von § 211 StGB vorliegen – lediglich eines vorsätzlichen, da »offen begangenen« Totschlags gemäß § 212 Abs. 1 StGB (Freiheitsstrafe nicht unter fünf Jahren) schuldig.

Vgl. den sog. »Brei-Fall« des BGH im Jahre 1955, zit. n. *Wesel*, Fast alles, was Recht ist, S. 238.

Herkules: *Die Herkules zur Buße für seinen Mord auferlegten Aufgaben*
Herkules musste der Legende zufolge insgesamt zwölf Arbeiten verrichten, um für den Mord an seiner Frau und an seinen Kindern zu büßen, nachdem er in einem Anfall von Wahnsinn seine Familie zu Grunde gerichtet hatte. Er erlegte den nemeischen Löwen und tötete die neunköpfige Hydra von Lerna, fing die kerynithische Hirschkuh und den erymanthischen Eber, reinigte die Ställe des Augias, verscheuchte und tötete die stymthalischen Vögel, fing den kretischen Stier Minotaurus, brachte die menschenfressenden Rosse des Diomedes zu Eurystheus, erbeutete den Gürtel der Amazonenkönigin Hippolyte, bezwang die Rinder des Geryoeus, erwarb die goldenen Äpfel der Hesperiden und entführte den Höllenhund Zerberus aus der Unterwelt.

Vgl. *Hartston*, Das Lexikon der Zahlen, S. 42.

Hexenverfolgung: *Die letzte Hexenverbrennung*
Die *letzte Hexenverbrennung* Europas fand 1793 in Polen statt. In Deutschland wurde der letzte Hexenprozess 1775 in Kempten gegen *Anna Maria Schwägelin von Lachen* abgehalten.

Zey, Echt wahr, S. 52 f.

Illustration: *Die beste lexikalische Bilddarstellung der Strafjustiz*
Eine ausgezeichnete, wenn auch etwas makabere und kuriose *Darstellung von Verbrechen und Strafen* findet sich im »*deutsch-ungarischen metrologischen thematischen Bildwörterbuch*« der Autoren *Laszlo/Odor* und *Borbala Szendrö*. Es handelt sich um das Kapitel 44, »Verbrechen und Strafen«.

Vgl. *Odor/Szendrö*, Deutsch-ungarisches metrologisches thematisches Bildwörterbuch, Budapest 1993, S. 146–155, zit. n. *Köhler/Schaefer*, Recht so! Ein Lesebuch zur Justiz, S. 234 und S. 240.

Internetprozess: *Der erste virtuelle Prozess*
Der erste *Internetprozess* wurde in China im Dezember 1998 gegen den 30-jährigen *Lin Hai* geführt.

Vgl. Zey, Echt wahr, S. 48.

Kartell: *Das höchste verhängte Bußgeld*
Die bisher höchste eingeforderte Summe an *Bußgeld* wurde durch das Bundeskartellamt am 15. August 1997 verhängt. Das »Berliner Starkstromkartell« musste 280 Mio. DM (rund 140 Mio. Euro) Geldbuße bezahlen.

Kaution: *Die höchste Sicherheit*
Den Weltrekord für eine von einem Strafgericht verlangte Sicherheit stellte das Landgericht von Dade County (Miami, Florida) am 16. Oktober 1989 auf: Insgesamt wurde von den des Bankraubs beschuldigten Angeklagten Jeffrey Marsh, Juan Mercado, Yolanda Kraviz und Alvin Kraviz die Summe von sage und schreibe Einhun-

dert Milliarden US-Dollar verlangt. Erfolglos versuchten die vier Verteidiger, die Kaution herunterzuhandeln.

Vgl. *Guinness Book of World Records,* 1991, S. 544.

Kunstraub: *Der teuerste Gemäldediebstahl*
Am 18. März 1990 wurden insgesamt elf Gemälde von Rembrandt, Vermeer, Degas, Manet und Flinck sowie ein chinesischer Bronzebecher aus dem Jahre 1200 v. Chr. aus dem *Isabella Stewart Gardner Museum* in Boston, Massachusetts (USA), gestohlen. Die Kunstwerke hatten einen Gesamtwert von etwa 200 Mio. US-Dollar. Zu dumm auch: Die Gemälde waren zwar gegen Schäden versichert, jedoch nicht gegen Diebstahl.

Vgl. *Guinnessbuch der Rekorde,* 1990, S. 550.

Ladendiebstahl: *Der unbedeutendste Kaufhausdiebstahl*
Den wahrscheinlich *unbedeutendsten Diebstahl* in einem Ladengeschäft beging in der letzten Augustwoche des Jahres 2001 eine 78 Jahre alte Rentnerin: Sie wurde von einem Mannheimer Ladendetektiv wegen des *Diebstahls einer Pistazie* gestellt und angezeigt. Die alte Dame hatte in einem Mannheimer Supermarkt die Pistazie aus einer bereits aufgeplatzten Packung genommen und gegessen. Auf Befragen der mit dem Fall befassten Beamten sagte sie, sie habe nur kosten wollen, um die Qualität der Pistazie zu prüfen.

Vgl. *Süddeutsche Zeitung* Nr. 201 v. 01./02. September 2001, S. 12.

Lebensabwägung: *Abwägung des Rechts auf Leben*
Eine *Abwägung des Rechts auf Leben* eines Menschen gegen das Recht auf Leben eines anderen kennt das geltende Recht nur bei der Regelung des Schwangerschaftsabbruchs (§ 218 ff. StGB) und beim sog. entschuldigenden oder übergesetzlichen Notstand (Beispiel: Schiffbrüchige auf einem Floß entschließen sich, einen Mitreisenden zu verspeisen, um den ansonsten *allen* Passagieren drohenden Hungertod abzuwenden).

44 VERBRECHEN UND STRAFEN – 2
(VERBRECHEN)

44 BŰNCSELEKMÉNYEK ÉS BÜNTETÉSEK – 2
(BŰNCSELEKMÉNYEK)

44 VERBRECHEN UND STRAFEN – 2 (VERBRECHEN)

das Verbrechen, ~s, ~
die Straftat, ~, ~en
das Delikt, ~(e)s, ~e
die Strafe, ~, ~n

9 Der Menschenraub, ~s, ~
das Kidnapping, ~s, ~
die Entführung, ~, ~en
   kidnappen [-nepön], ~te, h. gekidnappt
   entführen, ~te, h. entführt
a. die Geisel, ~, ~n
b. der Kidnapper [-nepör], ~s, ~
   der Terrorist, ~en, ~en

10 Die Flugzeugentführung, ~, ~en
   ein Flugzeug entführen, ~te, h. ~t
die Luftpiraterie, ~, ~n
a. der Flugzeugentführer/Entführer, ~s, ~
   der Luftpirat, ~en, ~en

11 Die Strangulierung, ~, ~en
die Erdrosselung, ~, ~en
   strangulieren, ~te, h. stranguliert
   erdrosseln, ~te, h. erdrosselt
   erwürgen, ~te, h. erwürgt
in heftiger Gemütserregung begangener Totschlag, ~(e)s *sing*
der Totschlag im Affekt
a. der Erdroßler, ~s, ~
   der Erwürger, ~s, ~

12 Der Mord, ~(e)s, ~e
der Mordanschlag, ~(e)s, ~e
der Totschlag, ~(e)s *sing*
die vorsätzliche Tötung (eines Menschen)
die Tötung, ~ *sing*

   ermorden, ~te, h. ermordet
   töten, ~te, h. ge~t
die Messerstecherei, ~, ~en
   erstechen, (i), erstach, h. erstochen
   niederstechen, (i), stach nieder, h. niedergestochen
   mit dem Messer zustechen, (i), stach zu, h. zugestochen
   jm Messerstiche zufügen, fügte zu, h. zugefügt
a. der Mörder, ~s, ~

13 Das Attentat, ~(e)s, ~e
politischer Mord, ~(e)s, ~e
   ein Attentat/einen Anschlag auf jn verüben, ~te, h. ~t
a. der Fahrzeugkonvoi [-voi], ~s, ~s
   die Eskorte, ~, ~n
   das Geleit, ~(e)s, ~e
b. der Attentäter, ~s, ~
   ein gedungener Mörder, ~s, ~

44 BŰNCSELEKMÉNYEK ÉS BÜNTETÉSEK – 2 (BŰNCSELEKMÉNYEK)

bűncselekmény, bűntett
(kisebb) bűntett

büntetés

9 Emberrablás

embert (el)rabol

entführen

a. túsz
b. emberrabló
   terrorista

10 Repülőgép-eltérítés
(repülőgépet eltérít)
légi kalózkodás
a. gépeltérítő
   légi kalóz

11 Fojtogatás

fojtogat
megfojt

erős felindulásból elkövetett emberölés

a. fojtogató

12 Gyilkosság

szándékos emberölés

gondatlanságból okozott emberölés
meggyilkol, megöl (vkit)

késelés
leszúr, késszúrással megöl
leszúr
késel

a. gyilkos
13 Merénylet
politikai gyilkosság
merényletet követ el (vki ellen)

a. gépkocsikíséret

b. merénylő
   bérgyilkos

Abb., Quelle: *Odor/Szendrö*, Verbrechen und Strafen, zit. n. *Köhler/Schaefer*, Recht so!, S. 236 – 243.

Lebenslänglich: *Die höchste Strafandrohung*

Für folgende Straftaten ist *lebenslängliche* Freiheitsstrafe, die höchste Strafandrohung im Strafgesetzbuch, vorgesehen:
- Vorbereitung eines Angriffskrieges (§ 80 StGB)

- Hochverrat gegen den Bund (§ 81 StGB)
- Besonders schwerer Fall des Landesverrats (§ 94 Abs. 2 StGB)
- Besonders schwerer Fall des Verrats illegaler Geheimnisse (§ 97a StGB)
- Besonders schwerer Fall friedensgefährdender Beziehungen (§ 100 Abs. 2 StGB)
- Mord (§ 211 Abs. 1 StGB)
- Totschlag in einem besonders schweren Fall (§ 212 Abs. 2 StGB)
- Erpresserischer Menschenraub mit leichtfertiger Verursachung des Todes des Opfers (§ 239 a Abs. 3 StGB)
- Geiselnahme mit leichtfertiger Verursachung des Todes des Opfers (§ 239 b Abs. 2 StGB)
- Raub mit Todesfolge (§ 251 StGB)
- Räuberischer Diebstahl mit Todesfolge (§ 252 StGB)
- Räuberische Erpressung mit Todesfolge (§ 255 StGB)
- Besonders schwere Brandstiftung (§ 307 StGB)
- Herbeiführen einer Explosion durch Kernenergie in einem besonders schweren Fall (§ 310 b Abs. 3 StGB)
- Herbeiführen einer lebensgefährdenden Überschwemmung (§ 312 StGB)
- Räuberischer Angriff auf Kraftfahrer in einem besonders schweren Fall (§ 316a Abs. 1 Satz 2 StGB)
- Angriff auf den Luft- und Zugverkehr mit leichtfertiger Verursachung des Todes eines Menschen (§ 316c Abs. 2 StGB)

Londoner Tower: *Der letzte Inhaftierte*
Der *letzte Inhaftierte* im *Londoner Tower* war der Deutsche Rudolf Hess. Er saß von 1941 bis 1945 dort ein.
Zey, Echt wahr, S. 47.

Lösegeld: *Die höchste Lösegeldsumme*
Das höchste jemals in Deutschland bezahlte *Lösegeld* waren die 30 Millionen Mark, die am 25. April 1996 für die Freilassung von *Jan Philip Reemtsma* aufgebracht wurden.
Zey, Echt wahr, S. 50.

Lynchjustiz: *Rekordjahr illegaler Vollstreckungen*
In den USA war das Jahr 1892 das *Rekordjahr der Lynchjustiz.* Insgesamt wurden 230 Fälle von eigenmächtiger, illegaler Vollstreckung der Todesstrafe verzeichnet.
Vgl. *Hartston*, Das Lexikon der Zahlen, S. 195.

Mord: *Die theoretisch niedrigste Strafe für einen versuchten Mord*
Kann ein Täter wegen *versuchten Mordes* zu lediglich 250 Euro Geldstrafe verurteilt werden? Die Antwort lautet: Ja! Und zwar, wenn folgende Konstellation vorliegt (Beispielfall):
- Erstens: Der Täter wird in erster Instanz vom zuständigen Strafrichter wegen fahrlässiger Körperverletzung gegenüber seiner Freundin zu 10 Tagessätzen von je 25 Euro verurteilt.
- Zweitens: Der Verurteilte geht in Berufung, da er meint, die Strafe sei zu hoch ausgefallen. Nunmehr stellt sich heraus, dass es sich bei der Tat nicht um fahrlässige Körperverletzung, sondern möglicherweise gar um versuchten Mord handelte.
- Wegen des strafprozessualen »Verbots zur Veränderung zum Schlechteren« (sog. Grundsatz der *reformatio in peius*, §§ 313, 358 Abs. 2, 373 Abs. 2, der im Prinzip eine edle rechtsstaatliche Errungenschaft darstellt) darf der Berufung Einlegende allerdings nicht höher bestraft werden als in erster Instanz (was allerdings nicht für den moralisch-ethischen Teil des Urteils, den richterlichen Schuldspruch, gilt, sondern nur für die Höhe der Strafe).
- Das Ergebnis: Das Landgericht verurteilt den Delinquenten zu einer Geldstrafe von 10 Tagessätzen zu je 25 Euro. Gleichzeitig lautet der Schuldspruch aber auf »versuchten *Mord*«.
- Das Ganze funktioniert allerdings nicht, wenn der Täter Einspruch gegen einen Strafbefehl eingelegt hat oder die Staatsanwaltschaft ebenfalls fristgerecht in Berufung gegangen ist.

Vgl. *Teubner*, Satirisches Rechtswörterbuch, S. 134.

Mörder: *Der einzige mit Namen bezeichnete Straftäter*
Der *einzige Straftäter*, der im Strafgesetzbuch in seiner Eigenschaft als Straftäter benannt wird, ist *»der Mörder«*. In § 211 StGB heißt es: *»Der Mörder wird mit lebenslanger Freiheitsstrafe bestraft.«* Nach der Festlegung des Strafmaßes wird dann definiert, wer Mörder im Sinne dieser Vorschrift ist *(»Mörder ist, wer... «)*.

Mordstatistik: *Die gefährlichsten Städte Europas*
Nach einer Untersuchung des britischen Innenministeriums führt Amsterdam mit 5,37 Morden je 100 000 Einwohner die Rekordliste für Morde in den größten Städten Europas an. An letzter Stelle steht Rom mit 1,52 Morden. Aus deutscher Sicht belegt Berlin mit 3,23 Morden europaweit den dritten Rang. Ein Vergleich: Die zweifelhafte Ehre, die wohl lebensgefährlichste Kapitale der Welt genannt werden zu können, kommt Washington mit jährlich 50,82 Mordfällen je 100 000 Einwohnern zu.
Vgl. *Süddeutsche Zeitung* Nr. 201 v. 1./2. September 2001, S. 12.

Nervosität: *Die nervösesten (und verwirrtesten) Räuber*
Gelegentlich wird Bank- und Straßenräubern ihre *Nervosität* und Hektik zum Verhängnis. Hier einige gute Beispiele:
- Ein verhinderter Krimineller wollte im englischen *Wandsworth* einen Lebensmittelladen überfallen. Er begann mit der Drohung: »Her mit der Kasse oder ich schieße!« Allerdings nahm niemand seine Worte ernst – er hatte den Revolver vergessen.
- Nach einem Überfall auf eine Sparkasse irrte Mike C. durch die Chemnitzer Straßen – er hatte vergessen, wo sein Fluchtfahrzeug geparkt war.
- Die Bankräuberin Erika G. wurde ebenfalls ein Opfer ihrer Nervosität. Die 41-Jährige überfiel mit einer *Stan-Laurel-Maske* eine Bank und erbeutete rund 20 000 Euro. Nach erledigter Arbeit vergaß sie jedoch, die Maske wie-

der abzunehmen und wurde auf der Straße von Passanten bis zum Eintreffen der Polizei festgehalten.
- In Frankfurt schoss sich ein flüchtender Bankräuber aus Nervosität in die linke Hand. Dann bekam er das Schloss seines Fluchtfahrrades nicht auf – 5 Jahre Haft.

Vgl. *Gansel*, Kriminaltango – die Chronik der dümmsten Gauner und Ganoven, http://freunde.imperium.de/gansel/kriminal.htm

Polithäftlinge: *Die jüngsten und am längsten inhaftierten politischen Gefangenen*

Der *jüngste politische Häftling* war die dreijährige Thaint Wunna Khin; sie gehörte – gemeinsam mit ihrer Mutter – zu den 19 Menschen, die vom 19. bis 24. Juli 1999 in Birma verhaftet wurden. Sie wurde am 29. Juli 1999 wieder freigelassen.

Woo Yong Gak (Nordkorea) wurde nach seiner Verhaftung wegen Spionage im Jahre 1958 insgesamt 40 Jahre lang im Gefängnis von Thai Jon (Südkorea) festgehalten. Er verbrachte einen Großteil seines Gefängnisaufenthalts in Einzelhaft.

Guinnessbuch der Rekorde, 2001, S. 47.

Polygamie: *Der Rekord für (illegale) Vielehen*

Den absoluten Weltrekord für die häufigste Anzahl von *illegalen und strafbaren Vielehen* hält *Giovanni Vigliotto*: Er ging insgesamt 104 Ehen ein. Er lebte unter vielen Decknamen, zum Beispiel *Fred Jipp* oder *Nikolai Peruschkow*. Die Ehen wurden von 1949 bis 1981 in 27 US-Staaten und 14 anderen Ländern geschlossen. Am 28. März 1983 wurde Vigliotto in Phoenix, Arizona (USA), wegen Betrugs zu 28 Jahren und wegen Bigamie zu 6 Jahren Haft verurteilt; ferner hatte er 48 000 DM Strafe zu zahlen.

Vgl. *Das neue Guinnessbuch der Rekorde,* 1995, S. 247.

Privatstrafrecht: *Früher keine Trennung zwischen Zivil- und Strafrecht*

Noch nicht sehr lang besteht eine Trennung zwischen *Zi-*

vilrecht und *Strafrecht.* Vor Entstehung des modernen Staates gab es eine Art *Privatstrafrecht:* Bei Rechtsgüterverletzungen wie Tötung, Beleidigung oder Ehebruch wurden Bußen geleistet, deren Wert nach damaliger Verkehrsauffassung regelmäßig höher war als der entstandene Schaden. Damit wurde zum einen Wiedergutmachung geleistet, zum anderen erhielt der Täter einen »Denkzettel«.
Siehe hierzu: *Wesel,* Fast alles, was Recht ist, S. 126.

Prozessneugier: *Der bestbesuchte Strafprozess*
Der *bestbesuchte Strafprozess* war derjenige des 41-jährigen Jesus Sosa Wlanco, der in Kuba wegen 108 Mordfällen angeklagt war. Der Prozess dauerte rund 12 Stunden (von 5.30 Uhr am Nachmittag des 22. Januar bis 6.00 Uhr morgens am 23. Januar 1959). Insgesamt waren im Havanna Sportpalast 17 000 Zuschauer anwesend.
Guinness Book of World Records, 1991, S. 545–555.

Regelungslücke: *Abklärung einer Strafbarkeit im Voraus*
Das geltende Strafprozessrecht sieht keine Möglichkeit vor, die Strafbarkeit einer Handlung verbindlich klären zu lassen, bevor sie begangen wird.
Vgl. *Lenz,* S. 111; vgl. auch BVerfG NJW 1987, 2288.

Sachbeschädigung: *Die kuriosesten Substanzschädigungen*
Einige der *kuriosesten Sachbeschädigungen,* die von der Rechtsprechung mit Strafe belegt wurden, waren:
- Das Besudeln von Briefen mit Urin
  Vgl. *BayObLG HRR* 30 Nr. 2121.
- Das Durchnässen des Diensthemdes eines Polizeibeamten mit Bier
  Vgl. *OLG Frankfurt* NJW 1987, 389.
- Das Überkleben von Plakaten
  Vgl. *BGH NStZ* 1982, 508; *OLG Hamburg* NJW 1982, 395, a. A.: *OLG Oldenburg* NJW 1982, 1166.
- Das Einschütten von Seife in einen Brunnen
  Vgl. *OLG Dresden* DRiZ 31 Nr. 208.

- Das Eingießen von Spülmittel in eine Pferdetränke
  Vgl. *OLG Düsseldorf* VRS 1971, 29.
- Das zweckwidrige Auslösen einer Verkehrsüberwachungskamera
  Vgl. *OLG Schleswig* SchlHA/E-L 1986, 102.
- Das Ausgießen von Öl auf Gemüsebeet
- Das Ablagern von Giftmüll auf einem Rasen
- Das Aussetzen von Wanzen in einem Hotelzimmer
  Vgl. jeweils *Schönke/Schröder*, StGB-Kommentar, § 303 Rdnr. 8 b.
- Die Betäubung eines Wachhundes
- Schädliches Doping bei einem Rennpferd
  Vgl. jeweils *Schönke/Schröder*, StGB-Kommentar, § 303 Rdnr. 8 b; RGSt 37, 412.
- Das Fliegenlassen eines Vogels, wenn das Tier dem Aufenthalt in Freiheit nicht gewachsen ist und daher umkommt
  Vgl. *Schönke/Schröder*, StGB-Kommentar, § 303 Rdnr. 8 b; vgl. aber auch RGSt 20, 185.

Selbstmord: *Einige kuriose Tatsachen und Rekorde zum Suizid*
Im westlichen Kulturkreis ist die Kohlenmonoxidvergiftung durch Autoabgase die *beliebteste Selbstmordmethode*. Sieht man das Suizidphänomen geschlechterspezifisch, so kann festgestellt werden, dass Frauen sich am häufigsten mit einer Überdosis Schlaftabletten umbringen. Das ist aber bei weitem noch nicht alles, was über den Selbstmord zu sagen wäre, hier daher einige ebenso interessante wie schauerliche Fakten:
- In den Vereinigten Staaten sind mehr Teilnehmer des Vietnamkriegs durch Selbstmord nach ihrer Rückkehr gestorben als im Kampf gefallen.
- Die Selbstmordrate in Großbritannien ist seit 1960 um etwa ein Fünftel gefallen. Die wahrscheinliche Erklärung hierfür: Die beliebteste Suizidmethode auf den Inseln ist es, den Kopf in den Gasherd zu stecken. Diese hat aber an Effizienz stark eingebüßt, seitdem das Erdgas aus der Nordsee nicht mehr so giftig ist.

- Der größte Massenselbstmord der Geschichte wurde im 17. Jahrhundert von Anhängern des orthodoxen Kults »Die Altgläubigen« begangen. Sie wollten damit gegen bestimmte liturgische Formen ihrer Religion protestieren. Schätzungen zufolge verbrannten sich damals 20 000 Sektenmitglieder bei lebendigem Leibe.
- Im antiken Athen hielt der örtliche Richter immer einen kleinen Vorrat an Gift bereit, falls jemand vorbeikam, der alt, unheilbar krank oder depressiv war und Selbstmord begehen wollte. Man brauchte nur danach zu fragen.
- Die Skandinavier praktizierten in frühen Zeiten Sterbehilfe, indem sie ihre Alten in große Tonkrüge packten und dann sterben ließen.
- Die Hottentotten in Afrika veranstalteten für ihre alten Stammesangehörigen eine rauschende Abschiedsparty und ließen sie dann in einer Hütte in der Wildnis zum Sterben zurück.
- In der griechischen Antike mussten alle Bewohner der Kykladeninsel Kea, die älter als 60 Jahre waren, Selbstmord begehen.
- Im Kongo trampelte man früher so lange auf den Alten oder unheilbar kranken Verwandten herum, bis diese starben.
- Alt gewordene Äthiopier ließen sich auf wilden Stieren festbinden, wenn sie sterben wollten.

Vgl. i. d. S.: *Shaw*, Das Lexikon der Geschmacklosigkeiten, S. 53 f.

Serienmörder: *Die schlimmsten Massenmörder*
Der »fleißigste« Massenmörder in Deutschland war *Bruno Lüdke*: Er hat mehr als 85 Opfer zu verzeichnen. Der 35-jährige Deutsche wurde 1943 festgenommen, nachdem er binnen 17 Jahren mindestens 85 Frauen erwürgt und erstochen hatte. Die Festnahme wurde geheim gehalten, weil der Fall das Naziregime in Verlegenheit brachte. Lüdke wurde kastriert und in ein Wiener Hospital eingewiesen, wo er 1945 an den Folgen

eines medizinischen Experiments der Nazis gestorben sein soll.

Vgl. i. d. S. *Shaw*, Das Lexikon der Geschmacklosigkeiten, S. 384 und 386.

Sirius-Fall: *Das leichtgläubigste Betrugsopfer*
Es ist nicht selten, dass Leichtgläubige Opfer von Kriminellen werden, die sich in das Vertrauen ihrer Mitmenschen einschleichen, um diese anschließend nach allen Regeln der Kunst auszunehmen. Einen besonders krassen Fall hatten die deutschen Strafrichter am Bundesgerichtshof als Revisionsinstanz im Jahre 1983 zu entscheiden. Es handelt sich dabei um den in der Strafrechtswissenschaft mittlerweile legendären »Sirius-Fall«:

Eine junge Frau lernte in einer Diskothek einen vermeintlichen Abgesandten vom Stern Sirius kennen, der sie über seine Mission nicht im Unklaren ließ: Seine Aufgabe sei es, den Seelen besonders wertvoller Erdenmenschen nach dem Zerfall ihrer hiesigen Körper ein Weiterleben auf seinem Heimatplaneten zu ermöglichen. Sie selbst komme dafür zwar in Frage, müsse sich allerdings zuvor noch geistig weiterentwickeln, wobei ihr der bekannte Mönch Uliko gegen Zahlung einer geringen Spende von 30 000 DM an sein Kloster durch spirituelle Exerzitien behilflich sein könne.

Bedauerlicherweise konnte sich aber, nachdem die Frau dieses Geld tatsächlich unter einem Vorwand von ihrer Bank geliehen hatte, der Erfolg nicht ohne weiteres einstellen, weil sie sich insgeheim davor fürchtete und innerlich gegen dieses geistige Wachstum sperrte. Es blieb ihr folglich keine andere Wahl, als sich einen anderen Körper zu beschaffen. Dementsprechend sah der neue Plan zu ihrer Rettung vor, dass sie zur Finanzierung ihres Weiterlebens eine Lebensversicherung abschließe, die im Falle ihres Unfalltodes eine halbe Million Mark – selbstverständlich treuhänderisch – an den Sirianer auszahlen würde. Der sollte ihr dann, nachdem sie in einem

roten Salon am Genfer See im Körper einer Künstlerin wiedererwacht wäre, die Summe aushändigen.
Der Plan war perfekt, nicht jedoch seine Ausführung. Die zu allem entschlossene Frau spürte nämlich, als sie den Fön zwecks Entleibung in die Wanne tauchte, statt ihrer Seelenwanderung nur ein wohliges Bitzeln. Daher hatte auch der Sirius-Bewohner später kaum eine Chance, die irdischen Richter von der Wahrheit zu überzeugen, und wurde so wie ein gewöhnlicher Betrüger wegen einer ganzen Reihe von Straftatbeständen zu insgesamt sieben Jahren Gefängnis verurteilt. Die Verantwortlichen für dieses schwerwiegende Fehlurteil dürfen sich vermutlich keine großen Hoffnungen auf ein ewiges sirianisches Leben mehr machen.
Vgl. *BGH* NJW 1983, 2579.

Skiunfallflucht: *Der landestypischste Bußgeldtatbestand*
Im Freistaat Bayern gibt es den Bußgeldtatbestand der Skiunfallflucht (Art. 24 Abs. 6 Nr. 4 BayLStVG). In Bremen gibt es ihn nicht.

Staranwalt: *Der erfolgreichste Strafverteidiger*
Sir Lionel Luckhoo, Seniorpartner von Luckhoo & Luckhoo in Georgetown (Guyana), kann als der *erfolgreichste Strafverteidiger* in der Justizgeschichte weltweit bezeichnet werden: Er war zwischen 1940 und 1985 in insgesamt 245 aufeinander folgenden Mordprozessen erfolgreich.
Vgl. *Das neue Guinnessbuch der Rekorde,* 1995, S. 252.

Statistik: *Kleine Aufstellung nutzloser Zahlen*
In Italien wurden Anfang der 80er Jahre ca. 200 000 Autos jährlich gestohlen. Dies entsprach 13 % der damaligen Neuzulassungen. In New York wurden 1981 immerhin 100 900 Autos entwendet. Spanien hatte 1975 die niedrigste Mordrate aller westlichen Länder. Mitte der 70er Jahre hatte Nicaragua die höchste offizielle Mordrate der Welt: Jährlich wurden 30 von 100 000 Menschen ermor-

det. Am häufigsten wird aus Autos und aus Kaufhäusern gestohlen. Der Diebstahl von Autoradios ist vermutlich die häufigste spezifisch zuzuordnende Straftat überhaupt. Der häufigste Eingriff in das Grundrecht auf Leben ist der Schwangerschaftsabbruch (ca. 250 000 Fälle pro Jahr).
Vgl. *Lenz*, S. 29 f.

Strafprozess: *Früheste Gerichtsverfassungen*
Die ersten *Gerichtsordnungen* in Deutschland waren im Wesentlichen die Strafprozessordnungen. Die ältesten von ihnen sind das Anfang des 13. Jahrhunderts entstandene *Mühlhäuser Rechtsbuch*, die *Bambergische Halsgerichtsordnung* von 1507 und die so genannte *Peinliche Gerichtsordnung* Kaiser Karls V. von 1532. Sie schufen ein geregeltes Prozesswesen und trugen ganz wesentlich dazu bei, die ungeordnete und willkürliche Rechtsprechung des Mittelalters zu überwinden.
Vgl. *Das neue Guinnessbuch der Rekorde,* 1995, S. 252.

Straßenverkehrsrowdy: *Der schnellste Takt bei Verkehrssünden*
Die meisten *Straßenverkehrsdelikte* innerhalb einer begrenzten Zeitspanne glückten einem 75-jährigen Autofahrer in *McKinney, Texas*. Am Nachmittag des 15. Oktober 1966 beging er vier Beifahrerfluchten, verursachte sechs Unfälle, fuhr vier Mal auf der falschen Straßenseite und erhielt dafür insgesamt zehn Strafmandate.
Blundell, Die größten Irrtümer der Welt, S. 40.

Struwwelpeter: *Das kriminellste Märchen*
Märchen sind nichts für schwache Nerven. Mittlerweile gibt es mehrere Abhandlungen über kriminelle Machenschaften in Märchen, z.B. »Der Fall Max & Moritz« und »Der Fall Hänsel & Gretel«. Besonders viele Tötungsdelikte und Körperverletzungen finden sich im Struwwelpeter. Einer Untersuchung *Günthers* zufolge haben sich die Beteiligten im Märchen »Struwwelpeter« insgesamt folgender strafrechtlicher Delikte schuldig gemacht:

- *Struwwelpeters Eltern* ließen zum Schaden des *Struwwelpeter* den Haaren und Nägeln ihres Sprößlings freien Wuchs; dadurch haben sie sich wegen der Verletzung ihrer Fürsorge- und Erziehungspflicht strafbar gemacht (vgl. § 170 d StGB).

- Der *böse Friedrich* hat erhebliche kriminelle Energie aufgebracht: Seine unrühmliche strafrechtliche Bilanz weist eine Sachbeschädigung wegen »Totschlagens« fremder Stühle, Vögel und Katzen (§ 303 StGB) auf, ferner Tierquälerei (Töten von Tieren, Auspeitschen des großen Hundes) nach § 17 TierschutzG. Höhepunkt seiner Untriebe war jedoch, das Auspeitschen von *Gretchen* als zweifellos gefährliche Körperverletzung (§§ 223, 223 a StGB) zu qualifizieren.

- Nicht weniger auf dem Kerbholz haben *Paulinchens Eltern*. Sie ließen ihr Kind mit Zündhölzern alleine, so dass es der Verbrennung zum Opfer fiel. Sie haben sich daher einer fahrlässigen Tötung durch Unterlassen schuldig gemacht, auch wenn der Jammer hinterher groß war (§§ 212, 13 StGB).

- *Ludwig, Kasper* und *Wilhelm* haben mit dem hämischen Auslachen des *Mohren* erhebliche rassistische Umtriebe unter Beweis gestellt. Sie können wegen Volksverhetzung und Beleidigung belangt werden (§§ 130, 185 StGB). Dies rechtfertigte jedoch nicht die überzogene Strafmaßnahme des *Nikolaus*, der sich mit dem »Tintentauchen« der Buben der gefährlichen Körperverletzung, Vergiftung, Freiheitsberaubung und Sachbeschädigung strafbar gemacht haben dürfte.

- Der *wilde Jägersmann* kam in dem Märchen seiner gesetzmäßigen Pflicht zur diebstahlssicheren Aufbewahrung seiner Waffe infolge Schlaftrunkenheit nicht ordnungsgemäß nach. Damit hat er gegen §§ 42 Abs. 1, 55 Abs. 1

Ziffer 23 des Waffengesetzes verstoßen und sich insofern strafbar gemacht.

- Eines der widerlichsten Delikte aber hat der plötzlich und aus dem Nichts auftauchende *Schneider* begangen. Mit der doppelten Daumenamputation unter Zuhilfenahme seiner großen Schere beging er nicht nur eine einfache, sondern eine beabsichtigte, schwere Körperverletzung gegenüber dem *Konrad* (§§ 223, 224, 225 StGB). Hausfriedensbruch und Sachbeschädigung runden sein Strafregister ab.

- *Suppenkaspers Eltern* wurden auf den zweiten Blick ebenfalls straffällig: Sie hätten dem Kasper nicht ständig nur die legendäre Suppe, sondern vielmehr eine andere Speise vorsetzen müssen. Schließlich haben sie doch beobachten können, dass er die Suppe nicht aß und dadurch verhungerte. Auf diese Art und Weise haben sie sich des Totschlags durch Unterlassen schuldig gemacht (§§ 212, 13 StGB). Außerdem kann in dem pietätlosen Aufstellen einer Suppenterrine auf Suppenkaspers Grab zusätzlich eine strafbare Störung der Totenruhe und Verunglimpfung des Andenkens Verstorbener gesehen werden. (Letzteres dürfte auch vor der zuständigen Strafkammer nicht unberücksichtigt bleiben.)

- Auch *Zappelphilipps Eltern* haben sich – selbst für die damalige Verkehrsauffassung – weit vom elterlichen Ideal entfernt. Sie verletzten ihre Fürsorgepflichten nach § 170 d StGB dadurch, dass sie ihren offensichtlich am *Hyperkinesesyndrom* erkrankten Philipp nicht zu einem Arzt oder Psychologen brachten.
Vgl. *Günther*, Der Fall Struwwelpeter, S. 132 f.

Todeszelle: *Die längste Zeit im Todestrakt*

34 Jahre sind die *längste Zeit*, die jemand in der *Todeszelle* verbracht hat. *Henry Anderson* aus dem US-Bundesstaat

Bautz! da geht die Türe auf
Und herein in schnellem Lauf
Springt der Schneider in die Stub
Zu dem Daumen-Lutscher-Bub.
Weh! Jetzt geht es klipp und klapp
Mit der Scher die Daumen ab,
Mit der großen scharfen Scher!
Hei! Da schreit der Konrad sehr.

Als die Mutter kommt nach Haus,
Sieht der Konrad traurig aus.
Ohne Daumen steht er dort,
Die sind alle beide fort.

Kentucky wurde 1958 wegen Mordes und 1960 schließlich zum Tode verurteilt. Obwohl die Todesstrafe in Kentucky 1972 abgeschafft wurde, weigerte sich Anderson, seine Strafe umwandeln zu lassen. Dies wäre seiner Meinung nach einem Schuldeingeständnis gleichgekommen. Im April 1994 starb er im Staatsgefängnis von Kentucky mit 79 Jahren an Krebs.

Vgl. *Shaw*, Das Lexikon der Geschmacklosigkeiten, S. 383.

Überlebenschancen: *Gute Chancen, nicht Mordopfer zu werden*
Die Wahrscheinlichkeit, dass ein Brite im Laufe des nächsten Jahres nicht ermordet wird, liegt bei 75 981 zu 1.

Hartston, Das Lexikon der Zahlen, S. 274.

Übermut: *Enttarnung der überheblichsten Tresorknackerbande*
Zu *übermütig* wurde eine fünfköpfige *Tresorknackerbande* in Berlin, die innerhalb eines Jahres bereits 31 Tresore aufgeschweißt hatte. Beim letzten Coup ließ sich Bandenmitglied *Michael Z.* von hinten knipsen, mit heruntergelassener Hose. Das Bild deponierten die Gangster zum Hohn im geleerten Tresor. Das Hinterteil konnten die Polizisten nicht identifizieren, wohl aber den auffälligen Sportpullover, den der Fotografierte trug. Rasch hatten sie ermittelt, wo er gekauft worden war – und dass der Panzerknacker ihn mit seiner Kreditkarte bezahlt hatte.

Vgl. *Gansel*, Kriminaltango – die Chronik der dümmsten Gauner und Ganoven, http://freunde.imperium.de/gansel/kriminal.htm

Uhrenreparatur: *Zusammensetzen einer Armbanduhr als Straftat*
Auch eine kunstfertig durchgeführte, aber ungebetene *Reparatur* kann als Sachbeschädigung im Sinne von § 303 StGB strafbar sein: Wer beispielsweise eine zerlegte und *als Kunstwerk ausgestellte* Uhr wieder zusammenbaut, macht sich der Sachbeschädigung strafbar. Wenn es sich dabei auch noch um einen wertvollen Kunstgegenstand ging, handelt es sich sogar um gemeinschädliche Sachbeschädigung gem. § 304 Abs. 1 StGB. Grund hierfür ist, dass Sachbeschädigung auch dann vorliegt, wenn die Einwirkung auf eine Sache diese so verändert, dass deren bestimmungsgemäße Brauchbarkeit nicht unwesentlich gemindert ist und sich deswegen die betroffene Sache *nicht mehr funktionsentsprechend voll einsetzen lässt.*

Vgl. die Beispiele in *Schönke/Schröder*, StGB-Kommentar, § 303 Rdnr. 8; vgl. aber auch § 303 Rdnr. 10.

Unschuldig: *Höchste Haftentschädigung*
Die höchste *Haftentschädigung* aller Zeiten wurde im Oktober 1989 *Robert McLaughlin* (29 Jahre) zugesprochen, nachdem er 1979 in New York für einen Mord zu 15 Jahren Haftstrafe verurteilt worden war, den er nicht begangen hatte. Er hatte von 1980 bis 1986 sechs Jahre im Gefängnis verbracht, bevor er entlassen wurde, als seinem Pflegevater der Beweis gelungen war, dass er mit dem Verbrechen nichts zu tun hatte. Er bekam insgesamt die Summe von 1 935 000 Dollar zugesprochen.

Vgl. *Das neue Guinnessbuch der Rekorde,* 1995, S. 252.

Untauglicher Versuch: *Abtreibung mit Kopfschmerztabletten*
Wer an einer Frau, die nicht schwanger ist, mit harmlosen *Kopfschmerztabletten* eine Abtreibung versucht, macht sich wegen versuchten Schwangerschaftsabbruchs im Sinne eines *untauglichen Versuchs* strafbar (§ 218 Abs. 4 Satz 1 StGB i. V. m. §§ 22, 23 Abs. 3 StGB). Allerdings kann das Gericht im Falle des »groben Unverstandes« des Täters von der Strafe absehen oder die Strafe nach seinem Ermessen mildern. Hier noch einige weitere unglaubliche Fälle des groben, aber strafbaren Unverstandes:
- Jemand glaubte, er könne sein Opfer mit Zucker vergiften;
- ein anderer unternahm einen Abtreibungsversuch mit Senfbädern und Seifenspritzen;
- ein weiterer versuchte das Gleiche mit Kamillentee.

Vgl. *Schönke/Schröder,* StGB-Kommentar, § 23 Rdnr. 17.

Abzugrenzen vom Versuch »aus grobem Unverstand« ist der sog. *irreale Versuch,* der nicht strafbar ist. Hierzu zählt:
- ein Mordversuch durch Teufelsbeschwörung,
- das Totbeten,
- das Behexen von Vieh.

Vgl. *RGSt* 33, 321; *Schönke/Schröder,* StGB-Kommentar, § 23 Rdnr. 13.

Verführer: *Unangenehmste Selbstjustiz*
Im antiken Griechenland hatte ein betrogener Ehemann das Recht, dem Verführer seiner Frau einen *Rettich in den Anus* zu treiben.

Vgl. *Zey,* Echt wahr, S. 254 (von einer Abb. wird abgesehen).

Verunglimpfung: *Die seltsamsten strafbaren Verhaltensweisen*
Strafbar nach § 90 a StGB (*Verunglimpfung des Staates* und seiner Symbole) sind beispielsweise folgende von der Rechtsprechung sanktionierte Verhaltensweisen:
- Vergleich der Bundesrepublik Deutschland mit einer frisch gestrichenen Coca-Cola-Bude
- Bezeichnung des Berliner Abgeordnetenhauses als »Allerheiligstes des bürgerlichen Volksbetruges«
- Pfuirufe beim Absingen der Nationalhymne
- Umsägen des beflaggten Fahnenmastes

   Cola-Bude: *BGHSt* 7, 111; Berliner Abgeordnetenhaus: *Dreher/Tröndle*, StGB, § 90a Rdnr. 4; a.A.: KG JR 1990, 290; Pfuirufe: *OLG Hamm*, GA 1963, 267; Fahnenmast: *BGH*, GA 1961, 18 Nr. 3.

Vietnamkrieg: *Zu Hause war es gefährlicher*
Im Vietnamkrieg kamen von 1963–1973 genau 46 752 Amerikaner gewaltsam ums Leben. Das ist ziemlich genau die Hälfte von den 84 633, die zur gleichen Zeit zu Hause in den USA Feuerwaffen zum Opfer fielen.

Vgl. *Asimov,* Buch der Tatsachen, S. 236.

Werkzeuge: *Die kuriosesten Körperverletzungswerkzeuge*
Eine *gefährliche Körperverletzung* (§ 223a StGB) führt – im Vergleich zur einfachen Körperverletzung – zu einer erheblichen Erhöhung des Strafmaßes (Freiheitsstrafe von 3 Monaten bis zu 5 Jahren, ohne Möglichkeit einer Geldstrafe). Gefährliche Körperverletzung liegt unter anderem dann vor, wenn ein gefährliches Werkzeug zur Begehung der Tat benutzt wird. Was aber ein gefährliches Werkzeug ist, ist im Strafgesetz-

buch selbst nicht definiert, sondern hängt davon ab, wie das verwendete Gerät im konkreten Anwendungsfall eingesetzt wird. Einleuchtend ist, dass nach der *Rechtsprechung* Dolche, Knüppel oder Eishockeyschläger gefährliche Werkzeuge sein können. Es gibt aber auch einige kuriosere Konstellationen, in denen der Einsatz eines *gefährlichen Werkzeugs* von den Strafgerichten in der konkreten Fallgestaltung festgestellt wurde. Dazu zählen:

- ein Kleiderbügel, ein Weinschlauch und ein Wasserschlauch (sofern diese Gerätschaften für Schläge ins Gesicht verwendet werden);

  vgl. Kleiderbügel: *BGH MDR/D* 1975, 367; Weinschlauch: *BGHSt* 3, 109; Wasserschlauch: *BGH, GA* 87, 179.

- ein Damenstrumpf (sofern er zum Würgen benutzt wird);

  vgl. *Schröder* JZ 1967, 524.

- eine Mistgabel, ein Teppichklopfer, eine Armprothese, ein beschuhter Fuß (je nach Fallgestaltung).

  Vgl. Mistgabel: *RGSt* 59, 390; Teppichklopfer: *RG DR* 43, 754; Armprothese: *RG Recht* 1907, 264; beschuhter Fuß: *BGH* MDR/D 1952, 273 und MDR/D 1971, 16 sowie *NStZ* 1984, 329.

Zensur: *Die Funktion des »Sitzredakteurs«*

In Deutschland hielten sich zu Blütezeiten der *Zensur* einige Zeitungsredaktionen so genannte »*Sitzredakteure*«, die nie schrieben, aber für inkriminierende Artikel die Verantwortung übernahmen und dann dafür eben im Gefängnis »saßen«.

Haefs, Handbuch des nutzlosen Wissens, S. 88.

Zeuge: *Der naivste Tatbeteiligte*

Vor dem Duisburger Amtsgericht hatte sich ein Libanese wegen des Diebstahls von 33 Armbanduhren zu verantworten. Als der Richter ein Protokoll verlas, in dem der Name eines zweiten Tatbeteiligten genannt wurde, erhob sich plötzlich ein junger Mann im Zuhörersaal und sagte höflich: »Ja, hier«. Eine Minute später saß auch er auf der Anklagebank.

Vgl. *Gansel*, Kriminaltango – die Chronik der dümmsten Gauner und Ganoven, http://freunde.imperium.de/gansel/kriminal.htm

Zivilcourage: *Die derbste Abfuhr für einen Bankräuber*

Anstatt des erwarteten Geldes bekam ein Ganove, der eine Sparkassenfiliale in einem Recklinghauser Vorort überfiel, nur einen Rüffel vom Filialleiter: »*Hau ab, du Arsch, hier gibt's kein Geld.*« Der konsternierte Ganove flüchtete ohne Beute.

Vgl. *Gansel*, Kriminaltango – die Chronik der dümmsten Gauner und Ganoven, http://freunde.imperium.de/gansel/kriminal.htm

§ 3
Öffentlich-rechtliche Absonderlichkeiten

Abkürzungen: *Die längsten (und schönsten) »Abkürzungen«*

ApoAnwRStG	Gesetz über die Rechtsstellung von geprüften Apotheker-Anwärtern
BliwaG	Blindenwarenvertriebsgesetz
BpräsFlaggAnO	Anordnung des Bundespräsidenten über die Dienstflagge der Seestreitkräfte der Bundeswehr
EuRHiÜbkVtrNLD	Vertrag vom 30.08.1979 über die Ergänzung des europäischen Übereinkommens vom 20.04.1959 über die Rechtshilfe in Strafsachen und die Erleichterung seiner Anwendung
Geilen AktStR	Geilen, Aktienstrafrecht, Sonderausgabe aus: Kölner Kommentar zum Aktiengesetz
MädchHdlÜbk	Internationales Übereinkommen von 4. Mai 1910 zur Bekämpfung des Mädchenhandels
RhPfBOöbVj	Berufsordnung der öffentlich bestellten Vermessungsingenieure in Rheinland-Pfalz
UZwVwVBMI	Allgemeine Verwaltungsvorschrift des Bundesministers des Innern zum Gesetz über den unmittelbaren Zwang bei Ausübung öffentlicher Gewalt durch Vollzugsbeamte des Bundes

Arbeitsschutzrecht: *Das unsystematischste und umfangreichste Rechtsgebiet*

Das unsystematischste und umfangreichste Rechtsgebiet dürfte das deutsche *Arbeitsschutzrecht* sein. *Herschel* (RdA 1978, S. 69) hat es seinerzeit als »ein ungeordnetes Konglomerat buntscheckiger, teilweise veralteter Normen« bezeichnet. Eine gesetzliche Definition für das Arbeitsschutzrecht gibt es genauso wenig wie eine einheitliche

Kodifikation dieser Rechtsmaterie. Verkompliziert wird jeder Versuch einer Systematisierung und Dogmatisierung durch zahlreiche Überschneidungen mit dem Recht der Produktsicherheit, mit dem des allgemeinen gesundheitlichen Verbraucherschutzes sowie mit dem sonstiger Randmaterien (z.B. des Gefahrstoff-, Umwelt-, Sprengstoff- und Technikrechts).

Arbeitszeit: *Der geringste Arbeitszeitschutz*
Am *flexibelsten* sind die *Arbeitgeber* in der Eisen- und Stahlindustrie. Dort dürfen Arbeitnehmer stets an Sonn- und Feiertagen beim Betrieb bestimmter Stahlöfen beschäftigt werden, und zwar während der gesamten Zeit von 0.00 Uhr bis 24.00 Uhr. Dies gilt jedoch nur für Hochöfen, Niederschachtöfen, Öfen nach dem Stürzelbergverfahren, Brennöfen, Siemens-Martin-Stahlöfen mit einem Schmelzgewicht von mindestens 75 Tonnen, Elektro-Stahlöfen mit einem Schmelzgewicht von mindestens 10 Tonnen, für Oxygen-Stahl-Konverter und für »Walzenstraßen erster Hitze«. Ebenfalls keinen Schutz nach dem Arbeitszeitgesetz genießen leitende Angestellte, Chefärzte, Leiter von öffentlichen Dienststellen (und deren Vertreter) sowie Beschäftigte im liturgischen Bereich der Kirchen und anderer Religionsgemeinschaften.

Vgl. die Verordnung über Ausnahmen vom Verbot der Beschäftigung von Arbeitnehmern an Sonn- und Feiertagen in der Eisen- und Stahlindustrie i.d.F. vom 31. Juli 1968 (BGBl. I, S. 886) und § 18 des Arbeitszeitgesetzes vom 6. Juni 1994 (BGBl. I, S. 1179).

Atommüll: *Die zeitlich längste Wirkung eines Urteils*
Die denkbar am weitesten in die Zukunft reichende Wirkung eines verwaltungsgerichtlichen Urteils ergibt sich bei einem Streit um eine Planfeststellung nach § 9b des Atomgesetzes: Die Einrichtung eines Endlagers für die Entsorgung von Atommüll bedarf gemäß dieser Bestimmung eines Planfeststellungsbeschlusses der zuständigen Genehmigungsbehörde. Eine letztinstanzliche Gerichts-

entscheidung, mit der ein Planfeststellungsbeschluss für ein derartiges Endlager als rechtmäßig bestätigt wird, gibt die Endlagerung für mehrere zehntausend Jahre frei. Keine andere Gerichtsentscheidung kann zeitlich derartig weite Auswirkungen in die Zukunft für sich in Anspruch nehmen.

Vgl. *Lenz*, S. 142.

BSE: *Der längste Titel eines Gesetzentwurfes*
Der vermutlich *längste Titel für einen Gesetzentwurf* stammte aus dem Landwirtschaftsministerium von Mecklenburg-Vorpommern und trug den Titel:

»*Rinderkennzeichnungs- und Rinderetikettierungsüberwachungsaufgabenübertragungsgesetz*« (»*kurz*«: *RkReÜAÜG*).

Der Gesetzentwurf wurde am 13.10.1999 in den Mecklenburger Landtag eingebracht. Wie die *F.A.Z.* (Nr. 240, vom 15.10.1999, S. 9) berichtet, sollen die Abgeordneten beim Hören des Namens in lautes Gelächter ausgebrochen sein. Landwirtschaftsminister *Backhaus* (SPD) soll sich daraufhin für die mögliche »Überlänge« des Titels mit 86 Buchstaben entschuldigt und eingeräumt haben, man könne sich durchaus auch einen anderen Namen vorstellen.

Vgl. *Sakowski & Sakowski*, Heiteres aus dem rechtlichen Alltag, 2001, www.sakowski.de/heiter/h16.html.

Bundesfinanzhof: *Das unerfahrenste Richterkollegium*
Von den 33 Richtern, die im Jahre 1956 beim *Bundesfinanzhof* tätig waren, hatten nur sieben zum Zeitpunkt ihrer Ernennung richterliche Praxis.

Vgl. *Schneider*, Recht und Gesetz: Die Welt der Juristen, S. 247.

Bundesverfassungsgericht: *Umfangreichste und intensivste Verfasungsrechtsprechung der Welt*
Das Bundesverfassungsgericht in Karlsruhe übt die wohl

umfangreichste und intensivste Verfassungsrechtsprechung der Welt aus. Es ist im internationalen Vergleich gegenüber den anderen Verfassungsorganen (Parlament, Exekutive) das stärkste Verfassungsgericht. Es hat mehr Kompetenzen als jeder andere oberste Gerichtshof, und es werden dort auch die meisten Prozesse geführt.

Vgl. *Wesel*, Fast alles, was Recht ist, S. 52 und 66.

Cognac: *Die wahren Hintergründe des Wortes »Weinbrand«*
Im *Versailler Vertrag* wurde den Deutschen mit Artikel 275 verboten, deutschen Cognac als solchen zu bezeichnen. Als der Vertrag am 10. Januar 1920 in Kraft trat, war der Weinbrand geboren.

Vgl. *Zey*, Echt wahr, S. 74.

Demokratie: *Die unmittelbarste Demokratieform*
Das Gegenstück zur repräsentativen *Demokratie*, wie wir sie kennen, ist die direkte Demokratie. Wichtigstes Merkmal der direkten Demokratie ist, dass Gesetze in der Volksversammlung beschlossen werden, zu der entweder jeder Wahlberechtigte gehört oder die, wie im antiken Athen, nach dem Rotationsprinzip besetzt wird. In manchen Fällen werden darüber hinaus politische Funktionsträger nicht gewählt, sondern durch *Los* für höchstens eine Amtszeit bestimmt. Das Prinzip der repräsentativen Demokratie, wie wir sie heute kennen, wurde im alten Rom entwickelt.

Vgl. *Wesel*, Fast alles, was Recht ist, S. 59.

Einband: *Der makaberste Buchumschlag*
Der *Einband* des ersten Exemplars der französischen Verfassung vom 14. September 1791 stammte aus der gegerbten Haut der 1789 während der Revolution guillotinierten Aristokraten.

Vgl. *Zey*, Echt wahr, S. 35.

Eisenbahnkreuzungsgesetz: *Die größte Anzahl von Selbstverständlichkeiten*
Die wahrscheinlich *größte Anzahl an Selbstverständlichkeiten* in einer deutschen Rechtsvorschrift enthält das *Gesetz über Kreuzungen von Eisenbahnen und Straßen des Bundes (Eisenbahnkreuzungsgesetz* – EKreuzG). Hier ein Auszug:

- § 1 Abs. 2 EKreuzG: *»Kreuzungen sind entweder höhengleich oder nicht höhengleich.«*
- »1 Abs. 3 EKreuzG: *»Eisenbahnen im Sinne dieses Gesetzes sind die Eisenbahnen, die dem öffentlichen Verkehr dienen, sowie die Eisenbahnen, die nicht dem öffentlichen Verkehr dienen.«*
- § 1 Abs. 5 EKreuzG: *»Straßenbahnen, die nicht im Verkehrsraum einer öffentlichen Straße liegen, werden, wenn sie Eisenbahnen kreuzen, wie Straßen, wenn sie Straßen kreuzen, wie Eisenbahnen behandelt.«*
- § 2 Abs. 3 EKreuzG: *»Eine Kreuzung im Sinne des Abs. 1 ist neu, wenn einer der beiden Verkehrswege oder beide Verkehrswege neu angelegt sind.«*

Zum Eisenbahnkreuzungsgesetz vgl. die Textsammlung des C.H. Beck Verlages »Sartorius I«, Nr. 936.

England: *Verfassung kraft Gewohnheitsrechts*
In *England* wird die Verfassung tatsächlich eingehalten, ist aber nicht schriftlich niedergelegt. Ähnlich ist es in Israel. Beide Nationen kennen eine Art »Verfassungsgewohnheitsrecht«, weiter getragen und praktiziert, berücksichtigt und respektiert durch einschlägige Rechtsprechung.

Vgl. *Wesel*, Fast alles, was Recht ist, S. 45.

Enteneier: *Die ovalste Rechtsbestimmung*
Die *ovalsten Rechtsbestimmungen* in Deutschland enthalten § 1 und § 3 der *Enteneier-Verordnung* vom 25. August 1954 (BGBl. I, S. 265). Dort ist geregelt, dass Enteneier in unverwischbarer, kochechter, nicht gesundheitsschädlicher Farbe die Aufschrift »Entenei 10 Min. kochen!« tragen

müssen. Hier ein Auszug aus der Entenei-Verordnung des Bundes:

Auszug aus der Verordnung über Enteneier
Vom 25. August 1954 (BGBl. I, S. 265; BGBl. III 2154-2-26)

§ 1

(1) Zum menschlichen Genuß bestimmte Enteneier dürfen nur dann zum Verkauf vorrätig gehalten, verkauft oder sonst in den Verkehr gebracht werden, wenn sie die deutlich lesbare, in unverwischbarer, kochechter, nicht gesundheitsschädlicher Farbe angebrachte Aufschrift tragen:

Die Kennzeichnung muß in ovaler Umrandung mit lateinischer Schrift von mindestens 3 mm Höhe aufgedruckt sein.

(2) An den Behältnissen, in denen zum menschlichen Genuß bestimmte Enteneier zum Verkauf vorrätig gehalten oder sonst in Verkehr gebracht werden, muß an einer gut sichtbaren Stelle auf einem mindestens 20 cm langen und 15 cm breiten Schilde die deutlich lesbare Aufschrift angebracht sein:

> **Entenei!**
> Vor Gebrauch mindestens 10 Minuten
> kochen oder in Backofenhitze durchbacken

(3) In den Geschäftsräumen und Verkaufsständen, in denen Enteneier zum Verkauf vorrätig gehalten werden, ist an gut sichtbarer Stelle in der Nähe der feilgehaltenen Enteneier ein mindestens 40 x 30 cm (DIN A 3) großes Schild anzubringen, das die deutlich lesbare Aufschrift (Buchstabenmindestgröße 12 mm) trägt:

> Entenei darf zur Verhütung von Gesundheitsschädigungen nicht roh oder weichgekocht verzehrt und nicht zur Herstellung von Pudding, Mayonnaise, Rührei, Setzei, Pfannkuchen, Torten, Schaumspeise (Creme), Speiseeis und ähnlichen Zubereitungen verwendet werden, bei deren Herstellung nicht eine die ganze Masse durchdringende Erhitzung auf mindestens 100 Grad C mindestens 10 Minuten lang gewährleistet ist.

§ 3

(1) Es ist verboten, bebrütete Enteneier in irgendeiner Form zum Zwecke menschlichen Genusses in den Verkehr bringen.

(2) Soweit sie an andere abgegeben werden sollen, müssen sie wie folgt kenntlich gemacht sein:

Erbschaftssteuer: *Der höchste Steuersatz*

Der *höchste Steuersatz*, den es in Deutschland überhaupt gibt, ist der Erbschaftssteuerhöchstsatz. Er beträgt 70 % (§ 19 ErbStG). Wer diesen Steuersatz erreichen will, soll-

te aber möglichst frühzeitig zu sparen anfangen: Hierfür ist nämlich ein Vermögen von über 50 Mio. Euro erforderlich, das *im Sinne des Erbschaftssteuergesetzes* schon dadurch nur sehr schwer zu erreichen ist, dass hier das Grundvermögen realitätsfern niedrig bewertet wird.
Vgl. *Lenz*, S. 266 f.

Ergänzung: *Die umfangreichste Ergänzung des Grundgesetzes*
Die bislang *größte Aufstockung der Vorschriften des Grundgesetzes* erfolgte mit Einfügung der Notstandsgesetze im Jahre 1968.

Esperanto: *Gesetze in der Kunstsprache*
Insgesamt wurden 16 Gesetze in der Kunstsprache »*Esperanto*« verfasst, die sich leider nie richtig durchsetzen konnte.

EWG (EG-Verordnung): *Missverständlichste Bezeichnung*
Die *EWG* (heute: EG) –Verordnung ist gar keine Rechtsverordnung, wie die deutsche Übersetzung glauben macht, sondern vielmehr ein Gesetz der Europäischen Gemeinschaften. Eine Verordnung der EG hat nämlich allgemeine Geltung, ist in allen ihren Teilen verbindlich und gilt – anders als die EG-Richtlinie – unmittelbar und ohne weiteren Umsetzungsakt in den Mitgliedsstaaten.

Examensnoten: *Das schwierigste juristische Staatsexamen*
Das japanische juristische *Staatsexamen* gilt als das *schwierigste* weltweit. Jedes Jahr fallen über 98 % durch diese Prüfung.
Im bundesdeutschen Staatsexamen wird die Note »sehr gut« regelmäßig für weniger als 0,3 % der Teilnehmer an der Prüfung vergeben. Im zweiten Examen sind es weniger als 0,1 %, welche die Maximalnote erreichen. Im Jahre 1987 beispielsweise waren es im zweiten Examen bundesweit drei Kandidaten (0,05 %). Die so genannten

»Einserjuristen« haben zumeist ein »Vollbefriedigend« im Examen erzielt, also ein »sehr gut im juristischen Sinne«.

Vgl. *Yamauchi,* Jura 1998, S. 459; *Lenz,* S. 211.

Fernsehübertragung: *Die erste Live-Übertragung eines Urteils*
Die erste *Live-Übertragung* eines deutschen Verfassungsgerichtsurteils wurde am 27.10.1978 vom Sender Phönix ausgestrahlt und dauerte 55 Minuten.

Vgl. *Zey,* Echt wahr, S. 49.

Fussgängerzone: *Die erste Innenstadtabsperrung*
Bereits *Julius Caesar* sah sich aufgrund verstopfter Straßen gezwungen, während der Stunden des Tageslichts alle Räderfahrzeuge aus Rom zu verbannen.

Vgl. *Asimov,* Buch der Tatsachen, S. 167.

Gefahrstoffrecht: *Die kürzeste Überschrift einer staatlichen Rechtsvorschrift*
In der *Gefahrstoffverordnung* findet sich die kürzeste Überschrift in einem staatlichen Rechtstext. Es ist die Überschrift zu Anh. V Nr. 4 der Gefahrstoffverordnung und trägt den schlichten Titel *»Blei«*.

Geheimgesetzgebung: *Der intransparenteste Gesetzgeber*
Der EU-weit einzige Gesetzgeber, der hinter verschlossenen Türen tagt, ist der *Europäische Rat.* Er ist – neben dem Europäischen Parlament, das aber öffentlich tagt – der »Hauptgesetzgeber« der Europäischen Union. Allerdings wird die Geheimgesetzgebung dadurch etwas abgemildert, dass viele der wichtigsten europäischen Gesetzgebungsverfahren zum einen der Einstimmigkeit im Rat unterworfen sind, andererseits das Mitentscheidungsverfahren anwendbar ist, d. h., das öffentlich tagende Europäische Parlament muss dem im Mitentscheidungsverfahren zu erlassenden Rechtsakt zustimmen, damit dieser Gesetzeskraft erlangen kann.

Gesetzgebungsverfahren: *Das längste Rechtsetzungsverfahren*
Das vermutlich am längsten dauernde *Gesetzgebungsverfahren* mit unmittelbarer Wirkung für die deutsche Rechtslage dürfte mit der Verabschiedung der (EG-) *»Richtlinie des Rates zur Ergänzung des Statuts zur Europäischen Aktiengesellschaft hinsichtlich der Beteiligung der Arbeitnehmer«* sowie der *»Verordnung des Rates über das Statut der Europäischen Aktiengesellschaft«* zum Abschluss gekommen sein. Beide Rechtsakte wurden in der Sitzung des Arbeits- und Sozialministerrats der Europäischen Union am 8. Oktober 2001 angenommen und wurden am 23. März 2002 im Amtsblatt der EG veröffentlicht. Das Rechtsetzungsvorhaben begann im Sommer 1970, dauerte also sage und schreibe 31 Jahre, 3 Monate und 8 Tage. Hintergrund: Strittig war jahrzehntelang vor allem die Frage der Mitbestimmung der Arbeitnehmer in einer Europäischen Aktiengesellschaft. Einige Mitgliedstaaten der Europäischen Union, die eine wie etwa in Deutschland praktizierte Mitbestimmung nicht kannten, konnten erst durch die langwierige Aushandlung eines komplizierten Kompromisses zu einer gemeinschaftlichen Lösung bewegt werden.

Vgl. hierzu *BR-Drs.* 728/97 sowie *BR-Drs.* 488/98 und ABl. EG Nr. L 80 vom 23. März 2002.

Gewaltenteilung: *Gleicher Rang der drei Gewalten*
Nach deutschem Verfassungsrecht haben die *drei Gewalten* (Legislative, Judikative und Exekutive) grundsätzlich den gleichen Rang. Anders ist dies im Vereinigten Königreich, in welchem die »Supremacy of Parliament« (der Vorrang des Parlamentes) gilt.

Grundrechte: *Die originellsten und interessantesten Grundrechte*
Neben dem Grundgesetz gibt es bekanntermaßen auch Länderverfassungen. Dort können einzelne *Grundrechte* in Ergänzung (aber nicht in Widerspruch) zu den Grundrechten in der bundesdeutschen Verfassung normiert

werden. Hier einige interessante landesrechtliche Verfassungsbestimmungen:
- Baden-Württemberg bekennt sich zum »unveräußerlichen Menschenrecht auf die Heimat« (Art. 2 Abs. 2 der *Verfassung des Landes Baden-Württemberg*).
- Im Freistaat Bayern hat »jede ehrliche Arbeit den gleichen sittlichen Wert« (Art. 168 Abs. 1 der *Verfassung des Freistaates Bayern*).
- In Bremen hat »jeder die sittliche Pflicht, zu arbeiten« (aber auch ein »Recht auf Arbeit« – Art. 8 der *Landesverfassung der Freien Hansestadt Bremen*). Auch hat jeder Arbeitende »Anspruch auf eine bezahlten, zusammenhängenden Urlaub von mindestens 12 *(!)* Arbeitstagen im Jahr« (Art. 56 Satz 1 der Verfassung). Und nach Art. 49 Abs. 3 der Verfassung hat nur derjenige Anspruch auf Unterhalt für sich und seine unterhaltsberechtigten Angehörigen, der »ohne Schuld arbeitslos« ist.
- Nach der *Verfassung der Freien und Hansestadt Hamburg* ist die »Allgemeinheit bestrebt, den Aufstieg der Tüchtigen zu fördern«; gleichzeitig verpflichtet sich Hamburg, »im Geiste des Friedens eine Mittlerin zwischen allen Erdteilen und Völkern der Welt« zu sein (so: die Präambel der *Verfassung*).
- In Hessen ist die Aussperrung »rechtswidrig« (Art. 29 Satz 6 der *Verfassung des Landes Hessen*).
- In Nordrhein-Westfalen sind »Familien- und Erwerbsarbeit gleichwertig« (Art. 5 Abs. 2 der *Verfassung für das Land Nordrhein-Westfalen*). Im bevölkerungsreichsten Bundesland (NRW hat übrigens mehr Einwohner als Skandinavien und – wie auch Bayern – mehr Einwohner als die Hälfte der Mitgliedstaaten der Europäischen Union) ist auch »die Verbindung weiterer Volksschichten mit dem Grund und Boden anzustreben« (Art. 29 Abs. 1 der Verfassung). Auch verpflichtet sich das Bundesland, die Kleinsiedlung und das Kleingartenwesen zu fördern (Art. 29 Abs. 3).
- Nach der Verfassung für *Rheinland-Pfalz* ist »die gewerbs-

mäßige Kinderarbeit verboten« (Art. 55 Abs. 3). Auch haben Bewerber auf einen Sitz im Landtag »Anspruch auf Wahlurlaub«, es sei denn, es handelt sich um »Geistliche oder Ordensleute« (Art. 96 Abs. 1 und 2 der rheinland-pfälzischen Verfassung).

- Im *Saarland* hat die Wirtschaft »die Aufgabe, dem Wohle des Volkes und der Befriedigung seines Bedarfes zu dienen« (Art. 43 Abs. 1 der *Verfassung des Saarlandes*). Als Gebot sozialer Gerechtigkeit hat im Saarland der Staat »durch Gesetz die entschädigungslose Einziehung aller Kriegsgewinne« sicherzustellen (Art. 50 Abs. 2 der Verfassung). Der »Bauernstand« ist gegenüber der Gemeinschaft verpflichtet, den Boden zu nutzen (Art. 55 Abs. 2 Satz 1 der Saarländischen Verfassung).
- In *Sachsen-Anhalt* hat jeder das »Recht auf seelische Unversehrtheit« (Art. 5 Abs. 2 der *Verfassung des Landes Sachsen-Anhalt*). Zwangsarbeit ist bei einer gerichtlich angeordneten Freiheitsentziehung zulässig (Art. 16 Abs. 3 der Verfassung).

Grundrechte: *Die wichtigsten Grundrechte*
Das *bedeutsamste Grundrecht* überhaupt dürfte in Art. 2 Absatz 2 GG bestimmt sein: das Recht auf Leben. Das Hauptfreiheitsrecht ist in Art. 2 Absatz 1 GG, das Hauptgleichheitsrecht in Art. 3 GG festgeschrieben. Übrigens ist die Tatsache, dass das Grundgesetz in seinem ersten Teil mit den Grundrechten beginnt, eine Neuheit: In der Paulskirchenverfassung und der Weimarer Verfassung standen sie jeweils am Ende.
Vgl. *Wesel*, Fast alles, was Recht ist, S. 49.

Grundrechtsverzicht: *Der unmöglichste Rechtsverzicht*
Grundsätzlich kann man auf ein Recht verzichten. *Grundrechtsverzicht* hingegen ist nicht möglich.

Heidelberg: *Doktor beider Rechte*
In *Heidelberg* wird der Titel Dr. jur. utr. (Doctor juris

utrisque, Doktor beider, der staatlichen und der kirchlichen Rechte) heute noch verliehen.

Hintern: *Definition des Hinterteils*
»Der Bereich auf der Rückseite des menschlichen Körpers (auch als Gluteus Maximus bezeichnet), welcher sich zwischen zwei gedachten geraden Linien befindet, die parallel zum Boden verlaufen, wenn eine Person steht; die erste oder obere Linie verläuft 1,27 cm unterhalb der senkrechten Gesäßspalte (die Fuge zwischen den Erhebungen, die durch die von der Rückseite der Hüfte bis zu den Rückseiten der Beine verlaufenden Muskeln gebildet werden) und die zweite oder untere Linie verläuft 1,27 cm über dem tiefsten Punkt der Krümmung der fleischigen Ausbeulung (auch als die Gesäßfalte bezeichnet), der sich zwischen zwei gedachten geraden Linien befindet, eine auf jeder Seite des Körpers (die Außenlinien), wobei die Außenlinie senkrecht zum Boden und oben beschriebenen horizontalen Linien verlaufen, und die senkrechten Außenlinien durch die äußersten Punkte, an denen die Gesäßmuskeln auf die Außenseiten jeden Beins treffen, hindurchgehen.«

Diese (übersetzte) Definition stammt aus *St. Johns County Public Nudity Ordinance, Section 3 c.* Hintergrund: In St. Johns County, Florida, ist es Personen bei Geldstrafe von bis zu 500 Dollar oder Gefängnisstrafe von bis zu 60 Tagen verboten, sich nackt in der Öffentlichkeit zu zeigen. Nacktheit liegt dabei nach der sich durchaus vernünftig anhörenden Definition in der oben genannten Satzung vor, wenn die Genitalien, der Schambereich, die weiblichen Brüste oder der Hintern nicht vollständig bekleidet sind. Damit ein Polizist einen Hintern auch erkennt, wenn er ihn sieht, wurde die oben stehende Definition erdacht.

Vgl. *Crombie/van Helsing*, Die kuriosesten Gesetze der Welt, S. 12 f.

Höchste Norm: *Die ranghöchste Norm*
Die *ranghöchste Norm* ist vermutlich der ungeschriebene Rechtssatz »Das Grundgesetz gilt«.

Vgl. *Adompet*, Theorie für Studenten, 2. Auflage 1981, S. 61, zit. n. *Lenz*, S. 104.

Junggesellen: *Die übelsten gesetzlichen Diskriminierungen im Altertum*
Am schlimmsten diskriminiert wurden *Junggesellen* aus Sparta im antiken Griechenland: Sie mussten einmal im Jahr im Winter nackt um den Marktplatz herumrennen und ein Spottlied auf sich selbst singen. An einigen Festtagen durften Frauen sie um den Altar herumschleifen und verprügeln. Waren sie im Alter von 30 Jahren noch nicht verheiratet, verloren sie außerdem das Wahlrecht und durften fortan auch nicht mehr an Festen teilnehmen, auf denen sich nackte junge Männer und Frauen belustigten.

Vgl. *Asimov*, Buch der Tatsachen, S. 168; *Teubner*, Satirisches Rechtswörterbuch, S. 76.

Kirche: *Die höchste Kirchengewalt*
Nach katholischem Kirchenrecht steht dem Papst die *höchste Kirchengewalt* zu. Sie umfasst neben der universalen Lehrgewalt und der Weihegewalt auch die Jurisdiktion.

Vgl. *Lenz*, S. 261.

Krankenversicherung: *Die meisten Reformen*
Von allen Rechtsgebieten dürfte das Recht der gesetzlichen *Krankenversicherung* (Sozialgesetzbuch Fünf) die *meisten Reformen* durchlebt haben: Allein im Zeitraum zwischen 1977 und 1986 wurden 46 größere Änderungsgesetze mit insgesamt 6800 Einzelbestimmungen erlassen.

Vgl. *Merten*, NZS 1986, S. 594; *Der Spiegel*, 26/1995, S. 96.

Leben: *Das prozessual am schlechtesten gesicherte Recht*
Das Grundrecht auf *Leben* (Art. 2 Abs. 2 GG) leidet an

einer eklatanten Schwäche: Wer tot ist, kann es prozessual nicht (mehr) durchsetzen. Gerade der Eingriff in dieses Recht bewirkt nämlich, dass der Geschädigte es nicht mehr vor Gericht durchsetzen kann. Das Recht auf Leben ist somit das materiell zwar wichtigste, prozessual jedoch am schwächsten geschützte subjektive Recht des Einzelnen.

Vgl. *Lenz*, S. 29 f.

Lehrpläne: *Das »größte Loch« in den deutschen Lehrplänen*
Erstaunlicherweise existiert das Thema »Recht und Gesetz« auf den *Lehrplänen* der Schulen in Deutschland praktisch nicht.

Leiche: *Die geschmackloseste Definition*
»Menschliche *Leiche* im Sinne des Gesetzes ist der Körper eines Menschen, der keinerlei Lebenszeichen aufweist, und bei dem der körperliche Zusammenhang noch nicht durch den Verwesungsprozess völlig aufgehoben ist.«

Vgl. § 9 Abs. 1 Satz 1 des *Sächsischen Bestattungsgesetzes*.

Parteienverbot: *Das bedeutendste Urteil des Bundesverfassungsgerichts*
Das vielleicht *bedeutendste Urteil des Bundesverfassungsgerichts* war das Parteienverbot der KPD vom 17. August 1956. Gleichzeitig handelt es sich um eines der Urteile mit dem größten Umfang (300 Seiten).

Vgl. *BVerfGE* 5, 85.

Prozesslänge: *Der langwierigste aktenkundige Prozess*
Der wohl *längste aktenkundige Rechtsstreit* endete am 28. April 1966 in Poona (Indien), als der Gerichtshof ein Urteil zugunsten von Balasaaeb Patloji Thorht fällte und damit eine Rechtsstreitigkeit regelte, die im Jahr 1205 (also 761 Jahre vorher) von seinem Vorfahren Maloji Thorht begonnen worden war. Dieser hatte damals für sich das Recht verlangt, bei öffentlichen Veranstaltungen

den Vorsitz zu führen. Er hatte um Klärung der Rangordnung bei religiösen Festen ersucht.
Vgl. *Das neue Guinnessbuch der Rekorde,* 1995, S. 252.

Rechtsphilosophie: *Das am meisten gemiedene Studienfach*
Das am meisten *gemiedene* Fachgebiet im Jurastudium ist die Rechtsphilosophie; 98 % aller Jurastudenten verzichten darauf.
Vgl. *Haft,* Einführung in das juristische Lernen, 4. Auflage 1988, S. 48.

Rechtsprechung: *Unterworfensein der dritten Gewalt*
Ein interessanter Widerspruch zur Bindung der *Rechtsprechung* an das Rechtssystem findet sich im Grundgesetz: Nach Art. 20 Abs. 3 GG ist die Rechtsprechung an »*Gesetz und Recht*« gebunden; nach Art. 97 Abs. 1 GG hingegen sind die Richter »nur dem *Gesetze*« unterworfen. Die Unabhängigkeit des Richters wurde übrigens in Deutschland erstmals in der Verfassung für das Königreich Bayern am 26. Mai 1818 ausgesprochen.
Vgl. *Schneider,* Recht und Gesetz: Die Welt der Juristen, S. 236.

Staatentheorie: *Abstruseste Lehre vom Staatenaufbau*
Nach der so genannten »Lehre von der realen Verbandsperson« *(Otto von Gierke)* soll der Staat, ähnlich wie der einzelne Mensch, eine Gesamtheit mit einer größeren Zahl von Organen, mit Ohren, Mund und Augen, Händen und Füßen sein. Obwohl diese *Lehre von der realen Verbandsperson* längst Geschichte ist und belächelt wird, so blieb doch die Vorstellung von den *Organen* im Bewusstsein der Verfassungsväter haften. Im Bonner Grundgesetz wird der Begriff des Organs deshalb mehrfach erwähnt. So heißt es beispielsweise in Art. 20 Abs. 2 GG: »Alle Staatsgewalt geht vom Volke aus. Sie wird vom Volk in Wahlen und Abstimmungen und durch besondere Organe der vollziehenden Gewalt und der Rechtsprechung ausgeübt.«
Vgl. *Wesel,* Fast alles, was Recht ist, S. 63.

Staatsfundamentalnorm: *Die dichteste Verfassungsbestimmung im Grundgesetz*

Art. 20 des Grundgesetzes kann als »*Staatsfundamentalnorm*« bezeichnet werden. In Art. 20 Abs. 1 GG werden in neun Worten »*Die Bundesrepublik Deutschland ist ein demokratischer und sozialer Bundesstaat*« sage und schreibe sechs staatstragende Entscheidungen getroffen: Die Worte »Bundesrepublik Deutschland« treffen eine Aussage über (1) den Namen des Staates (2) die Entscheidung für seinen republikanischen Charakter und (3) – mit dem Wort »Deutschland« – eine Aussage über die Nachfolge des 1871 gegründeten Deutschen Reichs. Im Wort »Bundesstaat« ist (4) der föderalistische Aufbau festgelegt. Ferner ist in Art. 20 Abs. 1 GG (5) das Demokratiegebot und (6) das Sozialstaatsgebot festgeschrieben.

I.d.S.: *Wesel*, Fast alles, was Recht ist, S. 56 f.

Staatsverschuldung: *Die schuldentreibendste Vorschrift*

Theoretisch darf der Staat nur so viel Geld ausgeben, wie er auch tatsächlich zur Verfügung hat:

»Der Haushaltsplan ist in Einnahmen und Ausgaben auszugleichen.« (Art. 110 Abs. 1 GG).

Allerdings gehört zu den Einnahmen auch das, was sich der Staat durch Kredite (sprich: Schulden) verschafft. *Zu den Einnahmen zählen also auch die Schulden.* Das ist vermutlich der Grund dafür, dass der Bund so gerne Schulden macht.

Vgl. *Wesel*, Fast alles, was Recht ist, S. A 89.

Steuer: *Interessanteste steuerliche Absetzmöglichkeit*

In der freien *Reichsstadt Nürnberg* konnten im 15. Jahrhundert männliche Bürger Bordellbesuche von der Steuer absetzen.

Vgl. *Gruhle*, Das neue Lexikon der Niederlagen, S. 104.

Streikrecht: *Streikrecht von Politikern*
Der Bundeskanzler sowie Bundes- und Landesminister haben theoretisch das *Recht zu streiken*. Beamte nicht.

Streitschlichtung: *Der langwierigste noch offene Rechtsstreit*
Die Auseinandersetzung über den Anspruch des Domkapitels *Durham Cathedral*, die Pfründe der Diözese während einer Vakanz in der Leitung des Erzbistums zu verwalten, wurde erstmals 1283 akut. 1672 und 1890 flammte der Streit mit dem Erzbischof York erneut auf. Ein Versuch, den mittlerweile 692 Jahre alten Streit im Jahre 1975 beizulegen, blieb erfolglos. Keine der beiden Seiten erkennt die rechtlichen Äußerungen der jeweils anderen an.
Vgl. *Das neue Guinnessbuch der Rekorde*, 1995, S. 252.

Tierbegriff: *Nester und Eier sind Tiere*
Tiere im Sinne der Waldschutzverordnung vom Oktober 1995 sind auch tote Tiere, tierische Erzeugnisse, Eier und Nester. Eine solche »ausdehnende Definition« ist übrigens bei rechtlichen Begriffsbestimmungen gar nicht so selten. So gehören z.B. zur Autobahn im Sinne des Bundesfernstraßengesetzes auch die Autobahnraststätten und die Autobahnmeisterei.

Übergangsvorschrift: *Die in sich widersprüchlichste Verordnungsvorschrift*
Einen interessanten verordnungsimmanenten Widerspruch weist *§ 10 der Achten Verordnung zum Gerätesicherheitsgesetz* über das Inverkehrbringen von persönlichen Schutzausrüstungen vom 10. Juni 1992 (BGBl., S. 1019) auf. Lesen Sie bitte aufmerksam, nur dann kommt man drauf:

»§ 10
Übergangsvorschriften
(1) Persönliche Schutzausrüstungen dürfen bis zum 31. Dezember 1994 in den Verkehr gebracht werden, wenn sie den vor dem 1. Juli 1992 geltenden Vorschriften entsprechen.

(2) Diese Verordnung gilt nicht für persönliche Schutzausrüstungen, die bis zum 31. Dezember 1994 nach den vor dem 1. Juli 1992 geltenden Vorschriften in den Verkehr gebracht worden sind.«

Also: In *Absatz 2* wird etwas geregelt, was nach *Absatz 1* gar nicht zum Anwendungsbereich der Verordnung gehört, nämlich die Festlegung des Geltungsbereichs der Verordnung für Schutzausrüstungen, welche bis zum 31.12.1994 nach den vor dem 01.07.1992 geltenden Vorschriften in den Verkehr gebracht worden sind. Der Verordnungsgeber meinte wohl regeln zu wollen, dass die *Achte VO zum Gerätesicherheitsgesetz* grundsätzlich nicht für die Neufälle »ab '94« zu gelten habe; dabei nahm er versehentlich aber auch die Ausnahmeregelung des § 10 Abs. 1 aus dem Anwendungsbereich der Verordnung heraus, erklärte also *Absatz 1* für nicht anwendbar. Zugegeben – etwas kleinlich argumentiert.

Ungehorsam: *Problematisches Bürgerrecht*
Eines der umstrittensten und am unterschiedlichsten interpretierte Bürgerrecht dürfte das Recht auf zivilen Ungehorsam, Art. 20 Grundgesetz, sein: »*Gegen jeden, der es unternimmt, diese Ordnung zu beseitigen, haben alle Deutschen das Recht zum Widerstand, wenn andere Abhilfe nicht möglich ist.*« Denn: Ziviler Ungehorsam bewegt sich prinzipiell im Bereich des Unrechts und ist immer mit Gesetzesverstößen verbunden. Er ist nur dann gerechtfertigt, wenn der Protest wichtiger ist als die rechtsstaatliche Ordnung. Das ist natürlich gerichtlich nicht vorab zu klären und letztlich eine Gewissensfrage.

Vgl. *Wesel*, Fast alles, was Recht ist, S. 94 ff.

Urhebergesetz: *Kein urheberrechtlicher Schutz*
Das *Urhebergesetz* selbst ist urheberrechtlich nicht geschützt.

Verfassung: *Die älteste geschriebene Verfassung der Welt*
Die *Verfassung* der Vereinigten Staaten von Amerika ist die älteste geschriebene Verfassung der Welt, die ohne Unterbrechung bis heute Gültigkeit hat. Sie wurde am 21. Juni 1788 von New Hampshire als dem letzten der erforderlichen neun Bundesstaaten ratifiziert und am 2. Juli desselben Jahres öffentlich für wirksam erklärt.

Vgl. *Das neue Guinnessbuch der Rekorde*, 1995, S. 225.

Volksabstimmungen: *Verfassungswidrigkeit von Bundesvolksabstimmungen*
Volksabstimmungen auf Bundesebene sind nach herrschender Auffassung verfassungswidrig. »Das Grundgesetz ist prononciert antiplebiszitär (*Stern*).«

Stern, Das Staatsrecht der Bundesrepublik Deutschland, 1. Band, 2. Auflage 1984, S. 608.

Vorzensur: *Kürzeste Bestimmung einer Länderverfassung*
Der *kürzeste Rechtssatz* einer *Länderverfassung* lautet: »Vorzensur ist verboten« (Art. 111 Abs. 2 Satz 1 der Bayerischen Verfassung).

Wein: *Auf der Weinflasche darf nicht »Wein« stehen*
Unglaublich, aber wahr: Deutscher *Wein* darf nicht als »Wein« bezeichnet und vermarktet werden. Die *Sektkellerei Deinhard* musste nach einem Gerichtsbeschluss das Wort »Wein« von ihren Weinflaschen entfernen (sie wollte damit deutlich machen, dass ausnahmsweise Wein und nicht – wie üblich – Sekt ihre Flaschen fülle). Denn nach dem deutschen Weingesetz darf nur genau das auf dem Etikett stehen, was das Weinrecht offiziell erlaubt, also Angaben wie: Lage, Jahrgang, Produzent, QbA, Qualitätswein, etc. Dazu gehört das Wort »Wein« paradoxerweise nicht.

Vgl. »Wein-Krampf«, *Frankfurter Allgemeine Zeitung* v. 05.03.1994, S. 13.

Zitat der *FAZ*: »Und Bacchus krümmt sich vor Lachen«, zit. n.

Krämer/Trenkler, Lexikon der populären Irrtümer, S. 387.

Weltraum: *Rechtsgebiet mit dem räumlich größten Anwendungsbereich*
Das Rechtsgebiet mit dem *örtlich* größten Anwendungsbereich ist wohl das *Weltraumrecht* (Übrigens kann man in Montreal *Air and Space law* studieren). Das Rechtsgebiet mit dem *sachlich* und *persönlich* größten Anwendungsbereich dürfte das Völkerrecht sein, denn es betrifft die gesamte Bevölkerung der Erde.

Wertneutralität: *Höchste Anerkennung der Illegalität*
Die höchste rechtliche *Anerkennung* erfahren illegal arbeitende Dirnen, Zuhälter und Hehler im Steuerrecht. Sie sind uneingeschränkt einkommenssteuerpflichtig, können dafür aber auch Werbungskosten von der Steuer absetzen (z.B. die Peitsche der Domina).

Vgl. *Schneider*, Recht und Gesetz: Die Welt der Juristen, S. 69.

Windsurfen: *Größter verfassungsrechtlicher Schutz von Seglern*
Windsurfer genießen in Bayern Schutz kraft Landesverfassung: Dort gibt es (indirekt) ein Grundrecht auf Windsurfen. In Art. 141 Absatz 3 Satz 1 der Bayerischen Verfassung heißt es nämlich: *»Der Genuss der Naturschönheiten und die Erholung in der freien Natur, insbesondere das Betreten von Wald und Bergweide, das Befahren der Gewässer und die Aneignung wildwachsender Waldfrüchte in ortsüblichem Umfang ist jedermann gestattet.«* Das Betretungsrecht zu den Seen steht in Bayern jedermann ganz offiziell auch *»im Rahmen traditioneller Formen der Freizeitgestaltung und Sportausübung«* zu.

I.d.S.: *http://www.umweltministerium.bayern.de/bereiche/natur/freizeit/recht.htm*

Zeitschriften: *Die meisten juristischen Fachzeitschriften*
Vermutlich gibt es im deutschsprachigen Raum die *meisten juristischen Fachzeitschriften*, immerhin stolze 500 an der Zahl. Dabei sind rechtswissenschaftliche Zeitschriften, die schwerpunktmäßig in anderen Wissenschaftsgebieten angesiedelt sind (z.B. Abfallbeseitigungsrecht,

Raumordnung- und Landesplanungsrecht) noch gar nicht mitgezählt.

Vgl. hierzu *Banger,* Deutschsprachige Zeitschriften, 37. Jahrgang, Köln 1993.

Zensur: *Bundesfinanzhof durfte nicht, wie er wollte*
Bis zum Jahre 1959 unterlag der Bundesfinanzhof einer Art *Zensur durch den Bundesfinanzminister,* das oberste deutsche Finanzgericht durfte nur diejenigen Entscheidungen veröffentlichen, deren Veröffentlichung vom BMF gestattet wurde.

Vgl. *Schneider,* Recht und Gesetz: Die Welt der Juristen, S. 247 m. w. N.

§ 4
Sternstunden der Gerichtsbarkeit

Antragsschrift: *Die ausfälligste »Antragsschrift«*
Eine der wohl *unverschämtesten und dreistesten »Antragsschriften«* in der deutschen Gerichtsgeschichte aus dem Jahre 1976 glänzt mit Formulierungen wie: *»Juristen, deren Verstand offensichtlich genauso weit reicht, wie ein fettes Schwein springt – und das springt bekanntlich nicht sehr weit«.* Der Autor beklagt sich über *»den allergrößten Idioten unter den Juristen – und von dieser Sorte gibt es leider zu viele.«* Das Oberlandesgericht als Adressat findet Würdigung als *»das von alten Nazis durchsetzte Rechtsbeugungszentrum, das wegen seiner dummdreisten Entscheidungen geradezu berüchtigt«* sei, *»weil dort im Akkord gegen das Grundgesetz verstoßen«* werde. Von Rechtsprechung könne dort *»angesichts der ständigen Rechtsbeugung schon lange nicht mehr gesprochen werden«.* Der Antragsteller schließt mit dem Satz: *»Ich wünsche Ihnen beim Studium der Akten wenig Erfolg, damit Ihnen das Bundesverfassungsgericht die Ihnen zustehende Rüge – möglichst mittels leichter Schläge auf den Hinterkopf, damit der eventuell vorhandene Grips gelockert wird – verpaßt.«* Und fügt hinzu: *»Für Ihren Berufsstand habe ich lediglich Fußtritte übrig.«*

Vgl. *OLG Hamm* NJW 1976, 978; zit. n. *Schneider*, Recht und Gesetz: Die Welt der Juristen, S. 208.

Anwalt: *Auch stumme Advokaten dürfen kassieren*
Auch ein *wortloser Anwalt* darf fürs Sprechen berechnen: Ein Rechtsanwalt, der an einem Gerichtsverfahren »wortlos« teilnimmt – weil er, wie er sagt, »nichts zu sagen hat« oder sein »Eingreifen nicht erforderlich« war –, darf seinen Mandanten eine »Erörterungsgebühr« berechnen.

Vgl. *Saarländisches Oberlandesgericht*, Az.: 6 W 63/00-19, zit. n. *Steffens*, Kuriose Gerichtsurteile aus dem Jahr 2000, *Kölner Stadt-Anzeiger* v. 9. August 2001, www.ksta.de/wirtschaft/1308762.html.

Bauchkorsett: *Dünne Bauchdecke in der Kneipe*
Laut BGH begründet bei einem Gaststättenbesuch das

Nichtanlegen eines Korsetts zum Schutz einer besonders gefährdeten Bauchdecke kein Mitverschulden an einem etwaigen Unfall.
BGH NJW 1982, 168.

Belästigung: *Allein reisende Damen bitte nicht anfassen*
Allein reisende Damen, die durch einheimische Männer belästigt werden, können nach einem Urteil des Landgerichts Frankfurt eine Reisepreisminderung von 20 % verlangen.
Vgl. *LG Frankfurt* NJW 1984, 1762.

Beleidigung: *Wechselseitige Beleidigungen in Reimform*
Das – soweit ersichtlich – bislang einzige *strafrichterliche Urteil* in Reimform wurde vom *Landgericht Baden-Baden* im Jahre 1955 erlassen. Das Landgericht erklärte zwei Herren, die sich gegenseitig unfeine Worte (s. u.) an den Kopf geworfen und dann wechselseitig wegen Beleidigung angezeigt hatten, für »straffrei«; eine strafprozessuale Möglichkeit, mit der die Beteiligten zwar verurteilt werden, jedoch aufgrund der Wechselseitigkeit der begangenen Straftaten kein Strafmaß festgelegt wird. Der Wortlaut der wichtigsten Urteilspassagen:

»Sagt einer zum anderen ganz deutlich und barsch:
›Leck mich am Arsch!‹
Benimmt er gar nicht sacht sich,
und es trifft ihn die Schuld nach StGB § 185.
Wird erwidert, der Arsch stinke nach üblen Düften,
und er hänge hinaus ihn zum Lüften,
trifft zu hier ganz einzig
Strafgesetzbuch § 199.
So etwas ist unanständig und nicht fein,
trotzdem kommt es in Versform in die Gründe rein.
(...)
Wenn eine Beleidigung gleich auf der Stelle
erwidert wird mit des Mundwerks Schnelle,

dann kann es der Richter den beiden gewähren,
kann beide Beleidiger für straffrei erklären.
So tat's mit Recht das Amtsgericht,
und so die Strafkammer auch spricht:

Das Wort des Götz von Berlichingen
ist keines von den feinen Dingen,
wenn man dies wechselseitig sagt,
am besten niemand sich beklagt!

Wer stets vom Recht das Rechte dächte
und sich nicht rächte,
dächte rechte.

Die Kostenlast dabei ergibt sich:
StPO–vierdreiundsiebzig.«
Vgl. *LG Baden-Baden*, Urt. v. 19.02.1955, Az.: Ps 7/55, aus: www.recht-im-reim.de/strafrecht/beleidigung.htm.

Bordell: *Freudenhaus im Haus mindert Miete*
Nach Auffassung des *Amtsgerichts Charlottenburg* mindert ein *Bordell* im Haus die Miete um immerhin 30 %.
Vgl. *AmtsG Charlottenburg* NM 1983, 367.

Bulle: *Tierhalterisches*
»Die Landgemeinde ist Tierhalter des Gemeindebullen.«
RG JW 1917, 287.

Case law: *Urteile, die es nur in den Vereinigten Staaten geben kann*
Nachfolgend einige Zivilrechtsurteile, die es in dieser Form wohl nur in den Vereinigten Staaten von Amerika geben kann:
- 1995 verklagte ein Autofahrer, der in angetrunkenem Zustand zu schnell gefahren war und deshalb einen Unfall verursachte, das Ingenieurbüro, welches die Straße geplant hatte, den Bauunternehmer, vier Subunterneh-

mer und das Verkehrsministerium des Bundesstaates. Eine gute Idee: Er bekam 35 000 US-Dollar im Rahmen eines außergerichtlichen Vergleichs zugesprochen.
- 1995 wurden einer Angestellten eines Supermarktes im US-Bundesstaat West Virginia 2,52 Mio. US-Dollar Schadensersatz zugesprochen. Sie hatte sich beim Öffnen eines Gurkenglases eine Rückenverletzung zugezogen, worauf ihr seelisches Gleichgewicht durcheinander geraten war.
- 1996 wurden einem betrunkenen Golfspieler in Wisconsin (Madison) 41 540 US-Dollar zugesprochen. Er war beim Verlassen der Bar im Clubhaus des Golfplatzes gestürzt und hatte sich dabei den Kiefer gebrochen.
- 1994 sprach das oberste Gericht der Vereinigten Staaten einem Kidnapper 500 000 US-Dollar zu. Er hatte sich auf der Flucht vor der Polizei den Knöchel gebrochen.
- 1990 wurde einem Restaurantangestellten, der in angetrunkenem Zustand vor einen Zug gefallen war und einen Arm verloren hatte, von der New Yorker Verkehrsbehörde 9 Mio. US-Dollar Schadenersatz bezahlt.
- 1997 erhielt ein wegen Bankraubes verurteilter Mann aus Auckland im US-Bundesstaat Kalifornien, dessen Strafe noch zur Bewährung ausgesetzt war, 2 Mio. US-Dollar zugesprochen. Der Grund: Die Banknoten, die er bei einem Überfall auf die *Savings and Loan Company* erbeutet hatte, waren in seiner Tasche explodiert und hatten Tränengas sowie Farbstoff freigesetzt. Der Bankräuber erlitt dabei Verbrennungen, die stationär behandelt werden mussten.
- 1993 musste ein Restaurant in Long Island (New York) 3 Mio. US-Dollar an einen Gast zahlen, der von einer Biene gestochen worden war.
- 1995 bekam ein Teenager aus New Hampshire bei einem außergerichtlichen Vergleich 50 000 US-Dollar Schadensersatz vom Hersteller eines Basketballkorbes zugesprochen. Der Kläger hatte zwei Vorderzähne verlo-

ren, als er beim Sprung den Ball von oben in den Korb geworfen und sich dann im Netz verheddert hatte.

Vgl. *Shaw,* Das Lexikon der Geschmacklosigkeiten, S. 451 f.

Dame: *»Frau« als Beleidigung*

Das *Bundesverfassungsgericht* hatte sich im Jahre 1981 mit einer Klage einer städtischen Angestellten auseinander zu setzen, die sich in letzter Instanz mit der Verfassungsbeschwerde dagegen gewandt hatte, dass sie im schriftlichen und mündlichen Umgang von ihrem Arbeitgeber mit *»Frau«* angeredet wurde. Sie begehrte stattdessen die ihr von ihm verwehrte Anrede *»Dame«.*

Das höchst deutsche Gericht nahm – wie man sich denken kann – die Verfassungsbeschwerde gar nicht erst zur Entscheidung an (vgl. § 93a Abs. 2 BVerfG). Das oberste deutsche Gericht hatte eine arbeitgeberseitige Verletzung des speziellen Freiheitsgrundsatzes nach Art. 3 Abs. 2 und Abs. 3 verneint.

Die durchaus einleuchtende Argumentationslinie der obersten deutschen Verfassungshüter und – in diesem Fall – Unnötige-Prozesse-Verhüter: Der Umstand, dass Männer mit »Herr« angeredet werden, führe noch nicht dazu, dass Frauen in Anwendung des Art. 3 Abs. 2 und Abs. 3 GG mit Dame angeredet werden müssten. Dem Ausdruck »Herr« habe schon im Althochdeutschen für das weibliche Geschlecht die Anrede »Frau« entsprochen. *Das Beste aber:* Die Bezeichnung »Dame« kenne der deutsche Sprachgebrauch erst seit dem Jahre 1620: Schon in der zweiten Hälfte des 17. Jahrhunderts sei die Bezeichnung »Dame« im Sprachjargon als Ausdruck für *»Hofmätresse«* und *»Dirne«* im Ansehen der Bevölkerung abgesunken. Erst im 18. Jahrhundert habe sich die Bezeichnung »Dame« wieder »erholt« und sich in der bürgerlichen Gesellschaft als allgemeine Anrede für weibliche Personen durchgesetzt.

Vgl. *BVerfG,* Beschluss vom 20.07.1981, zit. n. www.ra-kotz.de/humor.htm S. 14 f.

Entlassung: *»Schleicht's euch«*
Die Äußerung *»Schleicht's euch, es Hund, dass ich euch nimmer seh, und ins Lohnsacks scheiß ich euch eine!«* hat den objektiven Erklärungswert einer Entlassung. Nach Auffassung des *Arbeitsgerichts Wien* kann diese Äußerung eines Baumeisters zu Arbeitnehmern, die eine Arbeit mangelhaft ausgeführt hatten, von diesen auch objektiv als Entlassungserklärung gesehen werden. Packen die Bauarbeiter daraufhin ihre Sachen und verlassen die Baustelle vorzeitig, so kann ihnen dies nicht als ungerechtfertigter Austritt angerechnet werden.

Vgl. *Arbeitsgericht Wien*, Urt. v. 03.10.1983, Az.: 2 Cr 511/82, Index arbeitsrechtlicher Entscheidungen (ARDind) 2594/22/84, zit. n. *Welser*, Grammophon ist kein Vorname, S. 17.

Früchte: *Zivilrechtliche Früchte sind nicht gleich Obst*
Früchte im Sinne des Bürgerlichen Gesetzbuchs sind auch Eier, Sand und Kohle. Erzeugnisse der Urproduktion werden nämlich im deutschen Privatrecht so bezeichnet.

Frühneuhochdeutsch: *Urteilsreime kann man auch übertreiben*
Die Rechtsgelehrten (zivilprozessuale Literatur) haben ganz überwiegend gereimte Urteilssprüche für statthaft erklärt, so z.B. *Baumbach-Lauterbach*, ZPO, § 313 Anm. 7 d, oder auch *Beaumont* NJW 1990, 1969, ferner: *Günther*, BGB in Reimen, S. 12; anderer Ansicht, oder, humorloser: *Putzo* NJW 1987, 1426.

Mehrere zum Teil auch in diesem Buch zitierte Urteilssprüche belegen, dass von dieser Option durch humorvolle und geistreiche Richter immer wieder Gebrauch gemacht wird. Verfassungsrechtlich problematisch wird es allerdings, wenn das erkennende Gericht die Amtssprache »Deutsch« gegen das *Frühneuhochdeutsche* eintauscht, wie es das *Amtsgericht Berlin-Schöneberg* im Jahre 1989 in einer Vollstreckungssache tat:

»Im Namen des Volckes:
... eyn kurtzweylig spil von zwo frawn
die sich vor Gericht thun haun
ond dorch merer hauffen coth
kament in die hoechste noth.«
Vgl. *AmtsG Berlin-Schöneberg* NJW 1990, 1972; siehe auch *Günther,* BGB in Reimen, S. 12.

Führerschein: Schwacher Trost in der Urteilsbegründung
Das *Landgericht Mannheim* bestätigte in einem Urteil aus dem Jahre 1981 den Entzug der Fahrerlaubnis zu Lasten eines jungen Mannes. Das Gericht begnügte sich allerdings nicht mit dieser Feststellung, sondern fand noch einige tröstende Worte für den soeben des Führerscheines entgültig verlustig gegangenen Zeitgenossen. Ob der Angeklagte die nachfolgend zitierte Urteilsbegründung besonders lustig fand, ist nicht bekannt. Auszüge aus dem Urteil:
»Statt sich durch den Hinweis trösten zu lassen, er möge doch die führerscheinlose Zeit zum gesundheitsfördernden Radfahren oder Fußmarsch nutzen, zeigte der Angeklagte nur durch sehr entsetzte und verständnislose Blicke, daß er sich ein Leben ohne Auto offenbar gar nicht mehr vorzustellen vermag – eine in vielen ähnlichen Verfahren zu machende bedauerliche Feststellung. Wie diese jungen Menschen einmal die doch schon am Horizont sich abzeichnenden weltweiten wirtschaftlichen Katastrophen und Notzeiten überstehen wollen, bleibt unerfindlich. Viele junge Leute sind augenscheinlich nicht einmal mehr gewillt, auch nur die kleinsten Besorgungen zu Fuß zu erledigen. Arme deutsche Jugend! Nicht nur durch Platt-, Spreiz- und Senkfüße dazu genötigt, den Sonntagsspaziergang allenfalls auf wenige Meter Entfernung vom fahrenden Untersatz zu beschränken, wird sie schließlich auch noch durch freiwilligen Verzicht auf die Betätigung ihrer Beinmuskeln unfähig, vor einem etwaigen Feind auch nur davonzulaufen. Die Geschichte enthält genugsam warnende Beispiele dafür, wie so der Trägheit verfallende Völker einmal enden. Man denke nur an die Sybariter, die, von

Völlerei und Wohlleben erschlafft, von den hartgestählten und laufgeübten Söldnern Krotons in kürzester Zeit überrumpelt und bis auf den letzten Mann abgeschlachtet wurden. Sicher konnten auch sie sich auf dem Höhepunkt ihres genußsüchtigen Lebens nicht vorstellen, daß alles so schnell enden würde. Es wäre gut, wenn auch der Angeklagte einmal in sich ginge und daran dächte, wie schnell diese Zeit des Überflusses und all der schönen Maschinen zu Ende gehen kann – einige schwachsinnige Fanatiker, und der gesamte Ölzufluß wird versiegen. Schon morgen kann dies der Fall sein. Wo bleiben dann die ach so unentbehrlichen schnellen Automobile?
Natürlich ist kaum zu erhoffen, daß solche Belehrungen Anklang finden. Die Erfahrung zeigt es – wer will schon Unangenehmes hören in einer Zeit, in der man sich das Leben nur angenehm vorzustellen vermag. Und doch! Wenn der Angeklagte sich nur ein wenig von dem, was ihm hier anläßlich seines Falles zu seinem eigenen Besten gesagt wurde, zu Herzen nähme, wäre schon viel gewonnen. Er würde dann, wenn ihm einmal der Führerschein wieder erteilt worden sein wird, das Autofahren als das zu schätzen wissen, was es ist: nämlich als ein schönes Spiel, das nicht mehr lange dauern wird. Diese Erkenntnis würde ihm dann die Demut und Rücksicht vermitteln, die notwendig ist, um den anderen Verkehrsteilnehmer als ein vernünftiges Wesen und gleichberechtigtes Mitglied der bürgerlichen Gesellschaft zu achten.«

Vgl. *LG Mannheim* DRiZ 1981, 65.

Gackertöne: *Abgrenzung des »Legegegackers« zum »Konversationsgegacker«*

»Das *Legegegacker* hat eine verkündende (triumphierende) Form. Es ist im Vergleich zum *Konversationsgegacker* durch ein betontes Hervorheben der ersten Gackertöne charakterisiert.«

BGH, Urt. v. 27. Juni 1961, Az.: I ZR 135/59; GRUR 1961, 544, Urt. zit. n. *Welser*, Grammophon ist kein Vorname, S. 10.

Genusssucht: *Ehelicher Geschlechtsverkehr als hemmungslose Genusssucht*
Einer älteren Gerichtsentscheidung des *Oberlandesgerichts Celle* zufolge ist *ehelicher Geschlechtsverkehr*, der nicht zur Zeugung führen kann, »*hemmungslose Genußsucht*«.
Vgl. OLG Celle NJW 1963, 406, 407.

Götz-Zitat: *Gemütsaufwallung berechtigt nicht zur Mietkündigung*
Nach Auffassung des *Nürnberger Amtsgerichts* berechtigt ein gegenüber dem Vermieter »in wütender Stimmung« gebrauchtes *Götz-Zitat* (»Leck mich am Arsch«) nicht, das Mietverhältnis aufzukündigen. »*Gewisse Gemütsaufwallungen bei Mietern*« müssten »*hingenommen werden*«, zumal »*zunehmend Ausdrücke der Fäkalsprache in den allgemeinen Sprachgebrauch, insbesondere auch bei Theater, Film und Fernsehen sowie in die Literatur Einzug erhalten*« haben.
Vgl. AmtsG Nürnberg, Az.: 26 C 4676/93.

Hundeverpflegung: *Notwendige Auslagen bei der Vermessung eines Hundes*
Das *Amtsgericht Krefeld* entschied: »Zu den erstattungsfähigen Auslagen gemäß § 464 Abs. 2 StPO für die Vermessung eines Hundes zur Vorbereitung eines Sachverständigengutachtens gehören auch die Kosten für Hundefutter, wenn der Hund zur Vorbereitung eines Sachverständigengutachtens vermessen und daher beruhigt werden soll. Die Kosten für Hundefutter sind jedoch der Höhe nach begrenzt und nur notwendig, soweit kostengünstig verfahren wird. Hundefutterkosten in Höhe von DM 16,19 für eine EDEKA-Fleischwurst sind auf jeden Fall zu hoch. Erforderlich ist nur ein einfaches Tierfutterpräparat wie eine Packung Schmackos = 12 Riegel, Geschmacksrichtung Rind, im Wert von 2,79 DM.«
Vgl. AmtsG Krefeld v. 16.02.1998 (Az.: 19 Cs 12 Js 1431/96).

Intimverkehr: *Keine Herabsetzung des Reisepreises*

Das *Amtsgericht Mönchengladbach* hatte sich in einer sagenumwobenen Entscheidung aus dem Jahre 1991 mit einem Pärchen auseinander zu setzen, das eine Urlaubsreise nach Menorca gebucht hatte. Geschuldet war die Unterbringung in einem Doppelzimmer mit einem Doppelbett. Das Paar fand allerdings zwei separate Einzelbetten vor, die nicht miteinander verbunden waren. Die Kläger mussten – so die Klageschrift – feststellen, dass sie hierdurch in ihren Schlaf- und Beischlafgewohnheiten empfindlich beeinträchtigt worden seien. Nicht zuletzt auch durch die rutschigen Fliesen, auf denen die Einzelbetten gestanden hätten, sei ein harmonischer Intimverkehr deshalb nahezu völlig verhindert worden. Der erhoffte Erholungswert, die Entspannung und die ersehnte Harmonie zwischen den Lebensgefährten sei »erheblich beeinträchtigt gewesen«. Der Kläger verlangte daher Schadensersatz wegen nutzlos aufgewendeter Urlaubszeit in Höhe von 20 % des Reisepreises von 3078,- DM. Das *Amtsgericht Mönchengladbach* schmetterte allerdings die Klage ab, und zwar mit folgenden Argumenten (auszugsweise zitiert):

»Der Kläger hat nicht näher dargelegt, welche besonderen Beischlafgewohnheiten er hat, die fest verbundene Doppelbetten voraussetzen. Dieser Punkt braucht allerdings nicht aufgeklärt zu werden, denn (...) es kommt hier nicht auf spezielle Gewohnheiten des Klägers an, sondern darauf, ob Betten für einen durchschnittlichen Reisenden ungeeignet sind. Dies ist nicht der Fall. Dem Gericht sind mehrere allgemein bekannte und übliche Variationen der Ausführung des Beischlafs bekannt, die auf einem einzelnen Bett ausgeübt werden können, und zwar durchaus zur Zufriedenheit aller Beteiligten. Es ist also ganz und gar nicht so, daß der Kläger seinen Urlaub ganz oder ohne das von ihm besonders angestrebte Intimleben hätte verbringen müssen. Aber selbst wenn man dem Kläger seine bestimmten Beischlafpraktiken zugesteht, die ein fest verbundenes Doppelbett voraussetzen, liegt kein Reisemangel vor, denn der Mangel wäre mit

wenigen Handgriffen selbst zu beseitigen gewesen. (...) Es hätte nur weniger Handgriffe bedurft und wäre in wenigen Minuten zu erledigen gewesen, die beiden Metallrahmen durch eine feste Schnur miteinander zu verbinden. Es mag nun sein, daß der Kläger etwas derartiges nicht dabei hatte. Eine Schnur ist aber für wenig Geld schnell zu besorgen. Bis zur Beschaffung dieser Schnur hätte sich der Kläger beispielsweise seines Hosengürtels bedienen können, denn dieser wurde in seiner ursprünglichen Funktion in dem Augenblick sicher nicht benötigt (...)«

Vgl. *AmtsG Mönchengladbach*, NJW 1995, 884, Urt. v. 25.04.1991 (Az.: 5 aC 106/91).

Kassenärztin: *26 Stunden am Tag sind zu viel*
Nach Auffassung des *Sozialgerichts Dortmund* muss eine *Kassenärztin*, die angibt, besonders schnell zu arbeiten und darüber hinaus Gespräche während der Untersuchung anderer Patienten abzuwickeln, so dass sie auch beides nebeneinander abrechne, dennoch ihr Honorar (in diesem Fall in einer Höhe von 297 000 DM) zurückzahlen, wenn sich aus ihren Abrechnungen eine Tagesarbeitszeit von 26 Stunden ergibt.

Vgl. *Sozialgericht Dortmund*, Az.: S 26 KA 73/99, zit. n. *Steffens*, Kuriose Gerichtsurteile aus dem Jahre 2000, *Kölner Stadt-Anzeiger* v. 09.08.2001, www.ksta.de/wirtschaft/1308762.html.

Kindeseigenschaft: *Ein Bundesheerzugführer ist kein Kind*
»Es besteht keine Kindeseigenschaft im Sinne des § 252 Abs. 2 Ziffer 1 des allgemeinen Sozialversicherungsgesetzes (Österreich) bei einem Zugführer des Bundesheeres, der die im Heeresgebührengesetz festgelegten Bar- und Sachbezüge erhält und die freiberufliche Ausbildung des Bundesheeres in Anspruch nimmt, indem er das Bundesrealgymnasium an der *Theresianischen Militärakademie* besucht.«

Vgl. *OLG Wien*, Urt. v. 06.03.1984, Az.: 35 R 59/84; Informationen aus dem Arbeits- und Sozialrecht (Österreich), S. 43, 84.

Kobold: *Abgrenzung zum Pumuckl*

Das *OLG Wien* erkannte für Recht: »*Zu den wesentlichen Merkmalen eines Kobolds gehört, daß er ein Geist ist, und daher im Gegensatz zu einem Pumuckl keine sichtbare Gestalt aufweist.*« Weiter heißt es in der Urteilsbegründung: »*Folgendes steht fest: EK veröffentlichte die erste Pumuckl-Geschichte »Meister Eder und sein Pumuckl« 1965. Pumuckl wurde auch Hauptfigur einer Fernsehserie, die derzeit im österreichischem Fernsehen läuft. Ihre Kernmelodie ist »Hurra hurra, der Pumuckl ist da«. Der gekennzeichnete Pumuckl hat einen übergroßen Kopf mit rotem Wuschelhaar, übergroße Füße, eine rote Knollnase mit schwarzen Punkten, rote Wangen, schwarze Augenbrauen, einen schwarzen Mund, der sich seitlich durch einen schwarzen Strich verengt und aus dem zwei weiße Schneidezähne hervorleuchten, abstehende Ohren und dünne Beine. Die echte Pumuckl-Puppe hat keine Augenbrauen, eine Knollennase, die nur an der Nasespitze rot ist und rote Zehennägel. Sie trägt eine Plakette mit der Aufschrift »Ich bin Pumuckl, der Liebling aller Kinder!« Die von der Beklagten verkaufte Puppe ist größer, sie hat schwarze Augenbrauen, eine zur Gänze rote Knollennase und auffallend abstehende Ohren. Ihre Füße sind zwar übergroß, aber nicht mit dem Maß disproportional wie die Füße des echten Pumuckls. Sie hat keine roten Zehennägel. Beim Mund fehlt der seitlich weiterführende schwarze Strich. Ein Teil der Puppen trägt eine Plakette, die mit ›Kobold‹ beschriftet ist. (…) Daß Kobolde, wie das Erstgericht anhand eines Lexikons als bescheinigt annahm, im Volksglauben Hausgeister mit ambivalentem Wesen und unterschiedlicher Gestalt sind, bestreitet die Viertbeklagte nicht. Unter einem Kobold versteht man einen im Volksglauben existierenden, sich in Haus und Hof aufhaltenden, zwerghaften Geist, der zu lustigen Streichen aufgelegt, zuweilen auch böse ist, einen Hausgeist, ursprünglich wahrscheinlich einen Hausgott, seinem Wesen nach ein helfender Hausgeist mit wechselndem Gemüt (vgl. Duden, Das große Wörterbuch der deutschen Sprache, Band 4, S. 1506) (…). Wesentlich ist jedenfalls, daß dieser Kobold ein Geist ist und als solcher für die Menschen unsichtbar – von Ausnahmen abgesehen – keine sichtbare Gestalt aufweist. Daß ein sichtbarer Kobold ganz anders aussehen kann als der Pumuckl, beweisen schon die gerichtsbekannten Schlümpfe, die ebenfalls Kobolde sind.«*

Vgl. *OLG Wien*, v. 21.7.1983, Az.: 1 R 136/83, zit. n. *Welser*, Grammophon ist kein Vorname, S. 26 f.

Kreuzfahrt: *Folkloristisch in die Karibik*
Nach einem Urteil des *Frankfurter Landgerichts* stellt es »einen Mangel einer Kreuzfahrtreise in die Karibik dar, wenn das Kreuzfahrtschiff fast ausschließlich einer Sonderveranstaltung durch Schweizer Folkloregruppen dient, die in erheblichem Umfang das Unterhaltungsprogramm durch Veranstaltungen mit schweizerischem Volkscharakter (Blasmusik, Jodeln, Alphornblasen, Trachtentänze, Chörlisingen etc.) prägen, denen der Reisende nicht ausweichen kann«.

Vgl. *LG Frankfurt*, Urt. v. 19.04.1993, Az.: 2/24 S 341/92 (NJW-RR 1993, 951), zit. n. *Schmidt*, Juristische Kuriosa und absonderliche Urteile, www.home.germany.net/100-76949/jura_kuriosa.html.

Kürbiskerne: *Nicht nur gegen Blasenleiden*
»Der Kürbis, insbesondere der Kern, ist schon seit Jahrhunderten als Hausmittel gegen Blasenleiden verwendet worden (...). Kürbiskerne helfen bei Blasenbeschwerden und Prostataleiden, sind aber auch geeignet, eine stimulierende Wirkung im Sexualbereich zu erzeugen (in einschlägigen japanischen Etablissements werden je 10 Stück Kürbiskerne in Plastikfolie eingeschweißt und für derartige Zwecke angeboten, wobei jedoch dem Gericht nicht bekannt ist, ob nach dem Genuß auch jeder Kern den gewünschten Erfolg gezeigt hat) (...).«

Bezirksgericht Klagenfurt, 22.12.1983, Az.: 14 U 317/83, zit. n. *Welser*, Grammophon ist kein Vorname, S. 24.

Lesben: *Künstliche Befruchtung mit Konfliktstoff*
Von zwei Lesben mit Kind kann nur eine »Mutter« sein.
Vgl. *OLG Hamm*, Az.: 11 UF 22/00, zit. n. *Steffens*, Kuriose Gerichtsurteile aus dem Jahre 2000, *Kölner Stadt-Anzeiger* v. 09.08.2001, www.ksta.de/wirtschaft/1308762.html .

Mahnung: *Auch Mahnung in Versform begründet Verzug*
Sinn für Humor bewiesen die Richter des *Landgerichts Frankfurt*, die in ihrem Urteil vom 17.02.1982 nicht nur eine in Reimform verfasste Mahnung für rechtmäßig erachteten, sondern ihr Urteil zur »Reim-Mahnung« auch noch gleich selbst in ein Gedicht kleideten:

»Maklerlohn begehrt der Kläger
mit der Begründung, daß nach reger
Tätigkeit er dem Beklagten
Räume nachgewiesen, die behagten.

Nach Abschluß eines Mietvertrages
habe er seine Rechnung eines Tages
dem Beklagten übersandt;
der habe darauf nichts eingewandt.

Bezahlt jedoch habe der Beklagte nicht.
Deshalb habe er an ihn ein Schreiben gericht':
Darin heißt es unter anderem wörtlich
(und das ist für die Entscheidung erheblich):

»Das Mahnen, Herr, ist eine schwere Kunst!
Sie werden's oft am eigenen Leib verspüren.
Man will das Geld, doch will man auch die Gunst
des werten Kunden nicht verlieren.

Allein, der Stand der Kasse zwingt uns doch,
ein kurz' Gesuch bei Ihnen einzureichen:
Sie möchten uns, wenn möglich heute noch,
die unten aufgeführte Schuld begleichen.

*Da der Beklagte nicht zur Sitzung erschien,
wurde auf Antrag des Klägers gegen ihn
dieses Versäumnisurteil erlassen.
Fraglich war nur, wie der Tenor zu fassen.*

(…)

*Wegen der Entscheidung über die Zinsen
wird auf §§ 284, 286, 288 BGB verwiesen.
Vollstreckbarkeit, Kosten beruhen auf ZPO-
Paragraphen 91, 708 Nummer Zwo.«*

LG Frankfurt a.M., Urt. v. 17.02.1982 (Az.: 2/22 O 495/81), NJW 1982, 650, zit. n. *Flick & Saß*, www.flick-sass.de/reim.html.

Moralvorstellungen: *Die sich wandelnden ethischen Maßstäbe im Spiegel der Rechtsprechung*

Sehr gut lässt sich aus der Rechtsprechung der Strafgerichte zu den Sittlichkeitsdelikten ersehen, wie sich die *moralischen Maßstäbe* unserer Gesellschaft gewandelt haben. Die folgenden vier Gerichtsentscheidungen, die aus verschiedenen Zeitaltern zu stammen scheinen, illustrieren dies:

- Im Jahre 1954 erklärte der *Große Strafsenat des Bundesgerichtshofs* noch, dass der Verkehr zwischen Verlobten als »Unzucht« zu qualifizieren sei.
  Vgl. *BGHSt* 6, 46.

- Im Jahr 1962 wurden die Eltern einer 21-Jährigen wegen des Verbrechens der *»schweren Kupplerei«* zu Gefängnisstrafen verurteilt. Der Hintergrund dieser drakonischen, aber vom BGH bestätigten Strafe: Die Eltern des zur fraglichen Zeit 19-jährigen und zum Tatzeitpunkt bereits schwangeren Mädchens gestatteten es ihrer Tochter und ihrem künftigen Schwiegersohn, unter einem Dach »wie Mann und Frau« zusammenzuleben.
  Vgl. *BGH* NJW 1962, 1403; vgl. auch *Köhler*, Üb immer Treu und Redlichkeit, S. 49.

- Im Jahre 1975 gaben die Amtsrichter aus Emden (Ostfriesland) einer Vermieterin Recht, die einem Pärchen das bestellte Doppelzimmer nicht überlassen wollte, nachdem sich herausstellte, dass die beiden lediglich verlobt, nicht aber verheiratet waren. Nach Auffassung der Emdener Amtsrichter sei die Beherbergung unverheirateter Personen zwar nicht mehr als Kupplerei strafbar; dennoch sei ein auf ihre gemeinsame Unterbringung gerichteter Vertrag als »*sittenwidrig*« einzustufen.

Vgl. *AmtsG Emden* NJW 1975, 1363; zit. n. *Köhler*, Üb immer Treu und Redlichkeit, S. 49.

- Den Moralvorstellungen der »Vor-68er Ära« versetzten die Frankfurter Landrichter im Jahre 1982 dann endgültig den »Todesstoß«: Sie verurteilten einen Reiseveranstalter auf Rückzahlung eines großen Teils des Reisepreises. Dieser hatte nämlich nicht dafür gesorgt, dass zwei unverheiratete Paare ihr gewünschtes Doppelzimmer bekamen.

Vgl. *LG Frankfurt* NJW 1982, 1884; vgl. auch *Köhler*, Üb immer Treu und Redlichkeit, S. 49 f.

Offiziere: *Keine Erschwerniszulage fürs Schlafen*
Nach einem Urteil des *Hessischen Verwaltungsgerichtshofs* erhalten Offiziere beim Bundesgrenzschutz für das Schlafen keine Erschwerniszulage.

Vgl. *Hessischer Verwaltungsgerichtshof,* Az.: 1 UE 2363/93; vgl. auch *SZ* Nr. 109/1993, S. 5.

Oper: *Keine Gnade beim Zuspätkommen*
Keine Gnade zeigten die Richter des *Amtsgerichts Aachen* in ihrem Urteil vom 24. April 1997 gegenüber einem Gast, der zur spät zur Opernaufführung kam, abgewiesen wurde und sein Geld zurückverlangte. Doch lesen sie selbst: »... *der Kläger (...) kann von der Beklagten unter keinem rechtlichen Gesichtspunkt Erstattung des Eintrittsgeldes neben Fahrtkosten verlangen. (...) Eindeutig zu beantworten ist hiernach noch die Frage, ob die Mitarbeiter der Beklagten berechtigt waren, dem Kläger nach Beginn der Vorstellung den Zutritt zu*

seinen angemieteten Plätzen zu versagen: Nämlich mit einem klaren Ja. Zu Recht verweist die Beklagte insoweit auf eine Jahrhunderte alte und internationale Gepflogenheit, die dem Vertragsverhältnis zwischen Opernveranstalter und -besucher eminent ist und die auf die Kurzformel gebracht werden kann: Vorhang auf – Türen zu. Durch verspätet eintreffende Zuschauer kommt es potentiell immer wieder zu Störungen der Live-Darbietung durch Geräusche, Licht oder sonstige Emissionen, die von den übrigen Vertragspartnern des Veranstalters, nämlich den Bühnenakteuren und dem Publikum, unmittelbar oder mittelbar als Beeinträchtigung empfunden werden können. Diese Vertragspartner des Veranstalters werden nicht, wie beispielsweise im Kino, klaglos hinnehmen, daß Nachzügler geräuschvoll hinter dem Lichtkegel der Taschenlampe eines Platzanweisers herumstolpern, um sich dann unter vielen ›Entschuldigung‹ und ›darf ich mal‹ auf ihren Platz drängeln, wobei sie unter den bereits sitzenden Zuschauern den aus Fußballstadien bekannten ›La-Ola-Effekt‹ auslösen. (...) Weder kann diesen die Auswahl dramaturgisch günstiger Momente zum schubweisen Einlaß von zu spät gekommenen überlassen werden, noch kann es darauf ankommen, ob es sich um eine Aufführung mit geräuschvoll tumultartigen Szenen auf der Bühne oder um eine andachtsvollere Darbietung handelt, so daß bei Wagner einzulassen wäre, bei Bach aber nicht.(...)«

AmtsG Aachen, Urt. v. 24. April 1997, NJW 1997, 2058.

Pascha: *Auch im Jahre 1960 durften Männer nicht mehr faulenzen*

Bereits im Jahre 1960 erkannte der *Bundesgerichtshof*, dass es »*mit der heutigen Auffassung der Ehe unvereinbar*« sei, »*daß ein in Ruhestand lebender Mann seiner Frau bis ins hohe Alter alle Arbeiten allein überläßt und er selbst untätig zuschaut*«.

Vgl. *BGH* JZ 1960, 371.

Patientengeduld: *Schadensersatz wegen zu lange Wartens*

Das *Amtsgericht Burgdorf* verurteilte einen Arzt zu 70 DM

Schadensersatz, weil er einen Patienten nach 90 Minuten immer noch nicht in Behandlung genommen hatte.

Vgl. *AmtsG Burgdorf* NJW 1985, 681.

Pfalz: *Sind Zeugen aus der Pfalz unglaubwürdig*
Das *LG Mannheim* hält anscheinend von Zeugenaussagen durch Bewohner der banachbarten Pfalz nicht allzu viel. Zitat: »Da sich der chronische Unfleiß der Pfälzer naturgemäß erschwerend auf ihr berufliches Fortkommen auswirkt, versuchten sie, sich anderweitig durchzuwursteln und bei jeder Gelegenheit durch irgendwelche Tricks Pekuniäres für sich herauszuschlagen. Dabei schreckten sie auch nicht davor zurück, jemand vor Gericht in die Pfanne zu hauen. Diese Eigenart der Pfälzer mache sie als Zeugen wenig glaubwürdig, weshalb man sich in einem solchen Falle auf Freispruch mangels Beweise erhoffen könne«, stellte das LG Mannheim in einem bemerkenswerten Urteil aus dem Jahre 1997 fest.

Vgl. *LG Mannheim*, Urt. v. 23.01.1997, Az.: (12) 4 Ns 48/96, NJW 1997, 1995; zit. n. ARD-Ratgeber Recht – Recht neu vom 29.10.1997, www.wdr.de/tv/recht/rechtneu/lustig/13.html.

Pferdefuhrwerk: *Kutsche ist kein vollwertiges Kraftfahrzeug*
Das *Amtsgericht Köln* erkannte 1984 für Recht:
»Ein Pferdefuhrwerk, das zweifelsfrei nicht zu den Rodelschlitten, Kinderwagen, Rollern und ähnlichen Fortbewegungsmitteln gehört, ist zwar ein richtiges Fahrzeug im Sinne der Straßenverkehrsordnung (§ 24 I StVO). Es ist nämlich ein zweispuriges, nicht an Gleise gebundenes Landfahrzeug, dessen Bauart die Gewähr dafür bietet, daß die Höchstgeschwindigkeit auf ebener Bahn nicht mehr als 6 km/h und die Drehzahl des Motors nicht mehr als 4800 Umdrehungen pro Minute beträgt, weshalb es auch führerscheinfrei ist (vgl. § 4 I StVZO). Es wird doch trotz einiger PS nicht durch Maschinenkraft bewegt, so daß rechtlich die Anerkennung als vollwertiges Kraftfahrzeug versagt ist (§ 1 II StVG).«

Vgl. *AmtsG Köln*, Urt. v. 12.10.1984, Az.: 226 C 356/84 (NJW 1986, 1266 ff.), zit. n. *Schmidt*, Juristische Kuriosa und absonderliche Urteile, www.home.germany.net/100-76949/jura_kuriosa.html.

Reimpraxis: *Legalisierung der Urteile in Gedichtsform*
Ein humorloser Zeitgenosse fand ein ihn betreffendes Urteil in Knittelversen gar nicht lustig und wollte von der Berufungsinstanz geprüft wissen, ob Versurteile zulässig sind. Das *Oberlandesgericht Karlsruhe* bejahte dies in seinem berühmten *Knittelversurteil:*
»(...) Die Gründe des angefochtenen Urteils sind jedoch, obwohl sie in Knittelversen abgefasst sind, (...) im Ganzen doch verständlich (...) nur wenn die in Reimen abgefaßten Urteilsgründe (...) erkennbar nicht ernstlich gemeint sind, sind diese unbeachtlich (...).«
Vgl. *OLG Karlsruhe* NJW 1990, 2009.

Roben: *Auch Braunschweiger Rechtsanwälte müssen nun Roben tragen*
Nach einer Entscheidung des *OLG Braunschweig* vom 3. Mai 1995 mussten fortan auch die Braunschweiger Rechtsanwälte in Zivilprozessen Roben tragen. Bis dato waren die Braunschweiger Anwälte aufgrund einer gewohnheitsrechtlichen Sonderregelung von der Robenpflicht befreit, nachdem ein Brand im Zweiten Weltkrieg die Braunschweiger Anwaltsroben allesamt vernichtet hatte.
Vgl. *SZ* Nr. 102/1995, S. 2.

Rollenverteilung: *Klassische Aufgabenzuweisung im Jahre 1953*
Noch im Jahre 1953 war nach der Rechtsprechung des *Bundesgerichtshofs* die *klassische Rollenverteilung* zwischen Mann und Frau selbstverständlich. Der nachfolgend zitierte Urteilsabschnitt ist zwar inhaltlich nicht von besonderer Bedeutung, zeigt aber in interessanter Weise, wie sich im Vergleich zu heute die Vorstellungen von Gleichberechtigung und Ehe gewandelt haben:

»Was die Menschen- oder Personenwürde angeht, so sind Mann und Frau völlig gleich;(...) Streng verschieden sind sie aber nicht nur im eigentlichen logisch-geschlechtlichen, sondern in ihrer seinsmäßigen schöpfungsmäßigen Zueinanderordnung zu sich und dem Kind in der Ordnung der Familie, die von Gott gestiftet, daher für den menschlichen Gesetzgeber undurchbrechbar ist. (...) Innerhalb der strengen Einheit der Familie sind Stellung und Aufgabe von Mann und Frau durchaus verschieden. Der Mann zeugt; die Frau empfängt, gebärt und nährt und zieht die Unmündigen auf. Der Mann sichert, vorwiegend nach außen gewandt, Bestand, Entwicklung und Zukunft der Familie; er vertritt sie nach außen; in diesem Sinne ist er ihr Haupt. Sie widmet sich, vorwiegend nach innen gewandt, der inneren Ordnung und dem inneren Aufbau der Familie. An dieser fundamentalen Verschiedenheit kann das Recht nicht doktrinär vorübergehen, wenn es nach der Gleichberechtigung der Geschlechter in der Ordnung der Familie fragt!«
BGHZ 2, 65, zit. n. *Wesel*, Fast alles, was Recht ist, S. 162 f.

Schnarchender Schöffe: *Halbschlaf disqualifiziert Richter nicht*
Das *Reichsgericht* musste sich Anfang des Jahrhunderts mit der Frage auseinander setzen, ob ein erkennendes Schöffengericht ordnungsgemäß besetzt war. Der Grund: In der Hauptverhandlung waren »schnarchende Töne« von einem der Schöffen zu vernehmen. Es sah den absoluten Revisionsgrund des § 138 Nr. 1 StPO (nicht vorschriftsmäßige Besetzung des Gerichts) nicht als gegeben an. Das damals höchste deutsche Strafgericht räumte zwar ein, dass »ein Gericht auch dann nicht vorschriftsmäßig besetzt« ist, »wenn einer der Richter unfähig ist, die Vorgänge in der Hauptverhandlung wahrzunehmen«. Im vorliegenden Falle sah das Leipziger Reichsgericht es aber tatsächlich als »weder bewiesen noch glaubhaft gemacht« an, dass einer der Schöffen in der Hauptverhandlung vom 19. Mai 1925 geschlafen habe. Zitat:

»... die Aussagen der Zeugen gehen hierüber auseinander. Zeichen großer Ermüdung, Neigung zum Schlafen, Kämpfen mit dem Schlaf sind noch kein sicherer Beweis, daß der Schöffe die Vorgänge in der Hauptverhandlung nicht mehr wahrnehmen konnte. Selbst ein einmaliger oder gelegentlicher »schnarchender Ton« wie ihn die beiden unmittelbaren Nachbarn des Schöffen bekundet haben, kann noch auf andere Weise gedeutet werden. Jedenfalls schließt er nicht aus, daß der Schöffe – vielleicht gerade infolge des von ihm verursachten Geräusches – gleich wieder munter geworden ist. Eine andere Beurteilung müßte dann eintreten, wenn der Schöffe fortgesetzt, häufig oder wenigstens bald nacheinander Schnarchlaute von sich gegeben hätte, die eine kurze, nach Lage des Falls unerhebliche Zeitspanne überschreiten. Dies ist nach den Bekundungen der Zeugen nicht geschehen. ...«

Mit anderen Worten: Damit ein Richter oder Schöffe als »schlafend« disqualifiziert werden kann, darf er nicht nur einnicken, sondern muss vielmehr richtig in den Tiefschlaf gefallen sein. Außerdem muss er über eine gewisse Zeitdauer hinweg als sicheres Indiz ausreichend hörbare Schnarchlaute von sich gegeben haben.

Vgl. *RGSt* 60, 64 ff., Urteil vom 22. Januar 1926, Az.: I 379/25.

Schweinemastprozess: *Streit um das Schrotgeld*

Das vielleicht schönste Urteil in Reimform wurde vom *Amtsgericht Oldenburg* im Jahre 1987 am 16. März des Jahres verkündet. Es handelt sich um das legendäre Urteil im *Oldenburger Schweinemastprozess*. In dem Urteil wurden sowohl Tatbestand als auch Entscheidungsgründe und Kostenentscheidung in Reimform gefasst. Im Prozess stritt man sich im Wesentlichen um den Ersatz des sog. »Schrotgeldes« hinsichtlich seiner Anrechnung auf den Kaufpreis. Doch lesen Sie selbst:

»Tatbestand

Die Klägerin liebt Schweinebraten –
besonders, wenn er billig ist,
drum hat ein Onkel ihr geraten:
›Kauf dieses süße Ferkelchen
von mir für hundert Märkelchen –
wenn das nicht superbillig ist!
Ich mäste es im Koben hier
und du ersetzt das Schrotgeld mir.‹
Der Freund, befragt, hält's auch für billig
und einen guten Tip fürwahr
und ohne Murren zahlt er willig
zweihundert Mark gleich schon in bar.

Das Ferkelchen bleibt lange klein,
will gar nicht gerne schlachtreif sein,
statt nur vier Monat wie gedacht
benötigte es beinah acht.
Ums Schrotgeld nun für diesen Braten
ist man sich in die Haar' geraten.
Fürs Angebot, das sie gemacht,
hat sie der Onkel ausgelacht:
›Noch zwanzig Mark, das reicht nicht aus,
dann bleibt das Schwein bei mir zu Haus.
Ich werd es für mich selber schlachten
und in die Tiefkühltruh' verfrachten!‹
So spricht der Onkel, der besagte,
im Rechtsstreit nunmehr der Beklagte.
Gesagt, getan, das fette Schwein
paßt grad noch in die Truhe rein!

Die Klägerin, nun voller Groll,
beantragt: Der Beklagte soll
Ihr gutes Geld ihr wiedergeben,
nachdem das Schwein nicht mehr am Leben!
Doch der Beklagte wendet ein:
›Die Klag' wird abzuweisen sein.

Den Preis hat mir der Freund entrichtet
und ihm allein bin ich verpflichtet,
und außerdem rechne ich auf
mit meinem Schaden aus dem Kauf!
Viel Arbeit und der Schlachterlohn,
das kost' zweihundert Märker schon.‹

Von all den Zeugen, die gekommen,
hat das Gericht nur drei vernommen.
Sie wußten alle gut Bescheid
und dienten der Gerechtigkeit.

Entscheidungsgründe
Lang dacht' ich nach und angespannt
und hab' alsdann für Recht erkannt:
Zur Hälfte ist wohl gerade eben*
dem Klagantrag hier stattzugeben.

Die Klägerin war mit dabei
Bei Schweinekauf und -mästerei,
die Geldhingabe nur allein
kann doch wohl nicht entscheidend sein.
Es muß ihr unbenommen bleiben,
das Geld nun wieder einzutreiben.**

Sie hat ja auch ein Recht darauf,
weil er erfolglos blieb, der Kauf.***
Doch dem Beklagten umgekehrt,
ist es mit Recht dann nicht verwehrt,
zu rechnen auf mit dem Verluste,
den er dabei hinnehmen mußte:
denn Fleischbeschau und Schlachterkosten,
das sind ja wohl die beiden Posten,

* 104 DM
** § 428 BGB
*** § 812 BGB

die eigentlich und immerhin
bezahlen müßt' die Klägerin.
Hätt' die Vetragspflicht sie gewahrt,
dann hätte er das Geld gespart.
Weil keine hat gewonn' von beiden,
drum haben – das ist einzusehn –
sie beide auch gleich stark zu leiden
und für die Kosten einzustehn.
An das Gericht zahlt jeder zwar
die Hälfte nur von den Gebühren,
doch seinem Anwalt – das ist zu spüren –
zahlt jeder selbst das volle Honorar.*

So wurde aus dem Ferkelchen
für ach nur hundert Märkelchen
– so billig sollt' es sein –
ein furchtbar teures Schwein!

Und die Moral von der Geschicht:
Um Kleinigkeiten streit' man nicht,
zieh' jedenfalls nicht vor Gericht!
Das gilt nicht nur in diesem Fall,
das gilt beinahe überall.
Sonst kann Gerechtigkeit auf Erden
ganz unerfreulich teuer werden!

* § 92 ZPO

AmtsG Oldenburg, Urt. v. 16.3.1987, Az.: 3 C 443/86, zit.n. www.recht-im-reim.de/zivilrecht/schweinemast.htm

Selbstmord: Verurteilung wegen versuchten Mordes an sich selber

Natürlich ist – wie man weiss – Selbstmord nicht strafbar. Gleichwohl hat der *Bundesgerichtshof* im Jahre 1958 aufgrund einer eigenwilligen, verzwickten Situation eine Entscheidung des *Landgerichts Dortmund* bestätigt, das einen Mann wegen versuchten Mordes an sich selbst verurteilt hatte. Wie konnte dies geschehen?

Der Angeklagte P. hatte nachts mit zwei anderen in ein Geschäft einbrechen wollen, dabei aber irrtümlich das Schlafzimmerfenster des Inhabers aufgebrochen. Der sprang erschrocken auf und vertrieb die Eindringlinge schreiend. Auf der Flucht drehte sich der Angeklagte M. um und schoss auf den hinter ihm Laufenden, den er aber nicht verletzte, weil die Kugel im gefütterten Jackenärmel stecken blieb. Diese Handlung erfüllte, weil zur Verdeckung einer Straftat ein Mensch getötet werden sollte, nach § 211 StGB den Tatbestand des versuchten Mordes, ungeachtet der Tatsache, dass es sich bei dem Getroffenen nicht um einen Verfolger, sondern aus Versehen um seinen Komplizen P. handelte. Und für diese Tat wurden auch die beiden anderen als Mittäter zur Verantwortung gezogen, einschließlich desjenigen, den die Kugel irrtümlich traf.
Vgl. *BGHSt* 11, 268

Spülkasten: *Ein WC ist kein Brunnen*
»*Ein mit einem Spülkasten versehenes WC ist keine Wasserentnahmestelle in der Wohnung.*«
Vgl. *Landesgericht für Zivilrechtssachen Wien*, Urt. v. 05.06.1984, Az.: 41 R 451/84.

Tanz: *Zu heftig gewirbelte Tanzpartnerin*
Das *Oberlandesgericht Hamburg* entschied: Wirbelt ein Mann seine Tanzpartnerin gegen ihren Willen so über das Parkett, dass beide aus einem Fenster stürzen, so muss der Tänzer der Frau Arztkosten und Schmerzensgeld erstatten.
Vgl. *OLG Hamburg* (Az.: 6 U 262/98); Quelle: *W.A.Z.* 49 v. 27.02.2001, zit. nach www.khries.de/recht.htm.

Tapsen: *Das kinderfreundlichste Urteil*
Das *Amtsgericht Kiel* ist der Auffassung, »*dass es keine schuldhafte Vertragsverletzung der Mieter ist, wenn sie das Laufen ihrer Kinder nicht untersagen*«.

AmtsG Kiel, Az.: 8 C 383/839, zit. n. *Bergmann*, Giftzwerge – Wenn der Nachbar zum Feind wird, S. 73.

Tauben: *Gurren stört nicht*
»Klatschen« (von Taubenflügeln) und »Gurren« sind ohne besonderen Informationswert und daher nicht störend.
OLG Celle, Az.: 4 U 130/87, zit. n. *Bergmann*, Giftzwerge – Wenn der Nachbar zum Feind wird, S. 37.

Temperament: *Fahrlässig, neben angetrunkener Frau zu sitzen*
Das *Oberlandesgericht Oldenburg* spricht möglicherweise aus Erfahrung, wenn es feststellt: *»Wer in betrunkenem Zustand neben einer angetrunkenen Frau mit sprunghaftem Temperament die Führung eines Kraftwagens übernimmt, handelt fahrlässig.«*
Vgl. *OLG Oldenburg*, Urt. v. 3. Juli 1951.

Tempoüberschreitung: *Dringende Klosuche rechtfertigt nicht zu schnelles Fahren*
Nach einem Urteil des *OLG Zweibrücken* rechtfertigt »eine allzu heftiges menschliches Bedürfnis noch keine *Tempoüberschreitung*. Notfalls muß der Autofahrer seine Notdurft am Straßenrand verrichten.«
Übrigens: Nach einem vorinstanzlichen Urteil hätte der Beschuldigte sogar in die Hose machen müssen, wenn sich keine Gelegenheit zum Anhalten geboten hätte.
Vgl. *OLG Zweibrücken*, Urteil vom 16.09.1996, Az.: 1 Ss 291/96,
aus: ARD Ratgeber Recht – Recht neu: Recht skurril vom 10.04.1997,
www.wdr.de/tv/recht/rechtneu/lustig/11.html.

Trunkenheit: *Lallender Ausgleichsschuldner*
»Spricht ein Ausgleichsschuldner verlangsamt und undeutlich, und kann er über ganz kurz Vergangenes nur ungenaue Angaben machen, so läßt dies den Schluß zu, daß er betrunken ist.«
Vgl. *Landgericht für Zivilsachen Wien*, 22.9.1983, Az.: Sa 59/83, zit. n.
Welser, Grammophon ist kein Vorname, S. 15.

Unfalldefinition: *Zusammenstoß als Unfall?*
»*Stoßen zwei in Betrieb befindliche Kraftfahrzeuge zusammen, dann kann kein Zweifel daran bestehen, daß es sich um einen Unfall handelt, der sich (...) beim Betrieb dieser beiden Fahrzeuge ereignete.*«

Vgl. *OGH (Österreich)* v. 18.11.1982, Az.: 8 Ob 207/82; ZVR 1984/49, zit. n. *Welser*, Grammophon ist kein Vorname, S. 25.

Urheberrecht: *Enttäuschte Kinobesucher*
Bei einem Film, welcher als »*Der Porno-Graph von Luxemburg*« betitelt ist, erwartet sich ein beträchtlicher Teil des Publikums eine Verfilmung der bekannten Lehar-Operette mit pornographischen Zusätzen. Dabei ist unerheblich, ob »*Pornograph*« am Schluss mit »f« oder »ph« geschrieben wird.

So der *OGH (Oberster Gerichtshof Österreichs)*, Urt. v. 13.10.1970, Az.: 4 Ob 345/70; Österreichische Blätter für gewerblichen Rechtsschutz und Urheberrecht (Öbl) 1971, 57, zit. n. *Welser*, Grammophon ist kein Vorname, S. 13.

Verzeihung: *Vergebung ist kein Rechtsgeschäft*
Laut Urteil des *Reichsgerichts* ist die *Verzeihung* ein geistigseelischer Vorgang und kein Rechtsgeschäft.

Vgl. *RGZ* 96, 269.

Vornamen: *Die verrücktesten Vornamen*
Von der Rechtsprechung wurden folgende Vornamen als namensrechtlich *unbedenklich* erachtet:
»Winnetou«
Vgl. *AmtsG Darmstadt*, StAZ 1975, 134.
»Azalee«
Vgl. *AmtsG Koblenz*, StAZ 1960, 241.
»Tiffany«
Vgl. *AmtsG Bielefeld*, StAZ 1980, 334.
»Momo«
Vgl. *BayObLG*, StAZ 1981, 84.
»Malaika-Vannina«
Vgl. *OLG Celle*, StAZ 1975, 634.

»Marko Aranya«

Vgl. *BGH* NJW 1979, 2469.

Als namensrechtlich *unzulässig* wurden hingegen folgende Vornamen erachtet:

»Traktoria«

Vgl. *LG Münster* NJW 1965, 1232.

»Che«

Vgl. *LG München*, StAZ 1973, 88.

»Lenin«

Vgl. *LG Bielefeld*, StAZ 1980, 334; jeweils zitiert nach *Köhler*, Üb immer Treu und Redlichkeit, S. 9 f.

Ferner: »Rasputin«, »Pepsi-Cola«, »Gin« und »Justin-Philipp-Grammophon«.

Vgl. *Dietrichsen* NJW 1981, 705, 708, 710; ferner: *Köhler*, Üb immer Treu und Redlichkeit, S. 1 ff.

§ 5
Verrückte Vorschriften

Äffchen
Äffchen ist es in *South Bend (Indiana)* untersagt, Zigaretten zu rauchen.

Vgl. *Pelton*, Loony Laws, S. 32.

Anruf
Ein Gesetz zur Verbrechensbekämpfung in *Washington* besagt, dass jeder motorisierte Kriminelle mit unlauteren Absichten von der Stadtgrenze aus den Polizeichef *anrufen* muss, um sein Erscheinen anzukündigen.

Vgl. *Gansel*, Kuriose Gesetze, http://freunde.imperium.de/gansel/law.htm

Anti-Hässlichkeitsverordnung
»Keine Person, die erkrankt, gelähmt, verstümmelt oder in irgend einer Weise derart entstellt ist, dass sie ein hässliches oder abscheuliches Objekt darstellt, oder die untauglich ist, um ihr das Erscheinen auf öffentlichen Wegen oder Plätzen zu gestatten, soll sich in der Öffentlichkeit zeigen, was unter einer Strafe von nicht weniger als einem Dollar und nicht mehr als 50 Dollar für jeden Verstoß gestellt ist.«

Vgl. *Anti-Hässlichkeitsverordnung von Chicago*, aufgehoben im Jahre 1970.

Augenbinden
In *Alabama* ist es Autofahrern verboten, während der Fahrt eine *Augenbinde* zu tragen.

Vgl. *Gansel*, Kuriose Gesetze, http://freunde.imperium.de/gansel/law.htm

Ausgeh-Tipps
Jeder Käseliebhaber sollte bevorzugt im US-Staat *Wisconsin* ausgehen oder übernachten: Dort ist die Geschäftsleitung jedes Restaurants, Clubs oder Hotels verpflichtet, 2/3 Unzen ihres besten Käses zu servieren, vorausgesetzt, der Gast hat eine Mahlzeit zu sich genommen, die mindestens 25 Cent gekostet hat. In *Chicago* ist es illegal, in einem Lokal zu essen, das in Brand geraten ist. In *Kansas* dürfen Imbisslokale Eiscreme nicht auf einem Kirschkuchen servieren. Kurios, aber äußerst

sinnvoll ist eine lebensmittelrechtliche Vorschrift in *Xenia (Ohio)*, wo es verboten ist, in eine Salatbar zu spucken.

Vgl. *Lindsell-Roberts*, Loony Laws + Silly Statutes, S. 29 f.

Austernschutz

Es ist illegal, in *Maryland* Austern zu misshandeln.

Vgl. *Gansel*, Kuriose Gesetze, http://freunde.imperium.de/gansel/law.htm

Auto

In *San Francisco* ist es verboten, sein Auto mit gebrauchter Unterwäsche abzuwischen. In *Massachusetts* ist es illegal, sich während der Fahrt den Schnurrbart zu rasieren. In *Omaha (Nebraska)* hingegen muss jeder Fahrer auf einer Landstraße alle 150 Yards eine Leuchtrakete losschicken und dann 8 Minuten lang warten, bis die Straße frei ist, um dann vorsichtig loszufahren – allerdings nach Betätigung der Hupe und dem Entzünden von Leuchtkerzen.

Vgl. *Lindsell-Roberts*, Loony Laws + Silly Statutes, S. 8 f.

Autofrau

Eine Frau in *Memphis* darf zwar *Auto fahren*, aber nur, wenn ein Mann vor dem Gefährt herläuft und eine rote Flagge schwenkt, um entgegenkommende Fußgänger und Autos zu warnen.

Vgl. *www.blunix.de*.

Badeanzug

Keine Frau darf in einem *Badeanzug* irgendeinen Highway des Staates *Kentucky* betreten, wenn sie nicht mindestens von zwei Polizisten eskortiert wird oder mit einem Knüppel bewaffnet ist. Dieses Gesetz gilt allerdings nicht, wenn die Frau weniger als 90 oder mehr als 200 Pfund wiegt oder wenn es sich um ein weibliches Pferd handelt.

Vgl. *Gansel*, Kuriose Gesetze, http://freunde.imperium.de/gansel/law.htm

Badefreuden

In *Boston (Massachusetts)* ist es ungesetzlich, ohne eine ärztliches Attest zu baden. In *Carmel (Kalifornien)* dürfen Frauen in einem Geschäftsbüro kein Bad nehmen. In *Indiana* darf man während der Wintermonate kein Bad nehmen. In *Brooklyn (New York City)* hingegen ist es für einen Esel illegal, in einer Badewanne einzuschlafen.

Vgl. *Lindsell-Roberts*, Loony Laws + Silly Statutes, S. 58 f.

Badesitten

Ein Gesetz in *Indiana* verbietet es während der Wintermonate, ein *Bad* zu nehmen. In *Tubeka (Kansas)* ist die Installation von Badewannen verboten. In *Kentucky* muss mindestens ein Mal im Jahr gebadet werden. Ein altes Gesetz in *Boston, Massachusetts*, verbietet es, an einem Sonntag ein Bad zu nehmen.

Vgl. *Gansel*, Kuriose Gesetze, http://freunde.imperium.de/gansel/law.htm

Bahnübergang

Nach *texanischem* Recht müssen zwei Züge, die sich an einem *Bahnübergang* begegnen, jeweils halten und dürfen die Fahrt nicht eher wieder fortsetzen, bis der andere Zug vorbeigefahren ist.

Dieses Gesetz wird folgendermaßen erklärt: Ein Senator des Staates wollte um jeden Preis die Verabschiedung eines anderen Gesetzes verhindern. Um dies zu erreichen, fügte er diese unsinnige Regelung mit ein. Er hoffte, das Gesetz würde aufgrund offensichtlicher Lächerlichkeit nicht verabschiedet. Aber seine Rechnung ging nicht auf, und es wurde in dieser Form rechtsgültig.

Vgl. *Gansel*, Kuriose Gesetze, http://freunde.imperium.de/gansel/law.htm

Bier

In *Ames (Iowa)* ist es einem Mann nach dem Sex nicht gestattet, mehr als drei Schluck Bier zu trinken, wenn er seine Ehefrau im Arm hat und sie neben ihm im Bett liegt.

Vgl. *Zey*, Echt wahr, S. 52.

Blutspender

Ein Gesetz in *Uruguay* legalisiert Duelle, sofern beide Teilnehmer *Blutspender* sind.

Vgl. *Gansel*, Kuriose Gesetze, http://freunde.imperium.de/gansel/law.htm

Dauerwelle

In *Lindenhurst (New York)* dürfen Frauen Männern keine Dauerwelle machen.

Vgl. *Lindsell-Roberts*, Loony Laws + Silly Statutes, S. 62.

Einbruchswerkzeug

In *Michigan (USA)* ist die gesetzliche Mindeststrafe für einen Einbruch fünf Jahre, für den Besitz von *Einbruchswerkzeug* zehn Jahre.

Vgl. *Haefs*, Handbuch des nutzlosen Wissens, S. 126.

Eiscremesoda

Städtische Gesetze im *mittleren Westen der USA* verboten in den 80er Jahren des vorletzten Jahrhunderts den Verkauf von *Eiscremesoda* am Sonntag. In *Illinois* umgingen einfallsreiche Eiscremesodaverkäufer das Gesetz, indem sie das Kohlensäurewasser einfach wegließen und nur die Eiskugel mit dem Sirup servierten. Sie nannten es »Sonntagssoda«. Später wurde der Name auf »Sunday« abgekürzt, und daraus wurde der »Sundae«.

Vgl. *Asimov*, Buch der Tatsachen, S. 199.

Elchschutz

In *Alaska* ist es verboten, *Elchen* zum Zwecke der eigenen Belustigung Alkohol einzuflößen. Außerdem ist es untersagt, Elche aus einem fliegenden Flugzeug zu stoßen oder schlafende Bären für Fotos aufzuwecken (Bären erschießen darf man aber).

Vgl. *von Rimscha/Frommen*, www.advokat-online.de, S. 2.

Ente
Minnesota untersagt das Unterqueren der Landesgrenzen mit einer *Ente* auf dem Kopf.
Vgl. *von Rimscha/Frommen*, www.advokat-online.de, S. 2.

Ernährung
In *New Jersey* ist das *Schlürfen* von Suppe illegal.
Vgl. *Lindsell-Roberts*, Loony Laws + Silly Statutes, S. 21.

Erwischt
Ein 1837 verabschiedetes und erst 1974 aufgehobenes *texanisches Gesetz* erlaubte es einem Ehemann, einen auf frischer Tat ertappten Liebhaber seiner Frau folgenlos zu erschießen.
Vgl. *Gansel*, Kuriose Gesetze, http://freunde.imperium.de/gansel/law.htm

Esel
In *Maine (USA)* ist es nicht erlaubt, einen Esel in Brand zu setzen.
Vgl. *Pelton*, Loony Laws, S. 48.

Evolution
Erst im Jahre 1968, 43 Jahre nach dem Affenprozess von *Scopes*, hob der Staat *Tennessee* sein Anti-Evolutions-Gesetz auf und akzeptierte die Lehre von der *Evolution*.
Vgl. *Asimov*, Buch der Tatsachen, S. 211.

Fallschirm
Ledige, geschiedene und verwitwete Frauen dürfen an Sonn- und Feiertagen in *Florida* nicht *Fallschirm* springen.
Vgl. *Gruber*, Focus 45/1999, S. 361.

Feuerwehr
In *St. Louis (USA)* ist es der *Feuerwehr* verboten, eine Frau zu retten, wenn sie einen Morgenmantel trägt. Um gerettet zu werden, müssen Frauen vollständig bekleidet sein.
Vgl. *Gansel*, Kuriose Gesetze, http://freunde.imperium.de/gansel/law.htm

Fisch

In *Tennessee* ist es illegal, einen Fisch mit einem Lasso zu fangen.

Vgl. *Gansel*, Kuriose Gesetze, http://freunde.imperium.de/gansel/law.htm

Flugschülerinnen

Es ist Piloten verboten, weibliche *Flugschülerinnen* mit einem Staubwedel unter dem Kinn zu streicheln, um ihre Aufmerksamkeit zu erregen, so eine Vorschrift in *Colombia, Pennsylvania*.

Vgl. *Gansel*, Kuriose Gesetze, http://freunde.imperium.de/gansel/law.htm

Frauenkontrolle

In *Pennsylvania* darf kein Mann ohne eine schriftliche Genehmigung seiner Frau Alkohol kaufen. In *New Mexiko* dürfen die Taschen eines Mannes jederzeit von der Ehefrau durchsucht werden. Ohne Begleitung seiner Frau darf in *Kentucky* kein Mann einen Hut käuflich erwerben.

Vgl. *Gansel*, Kuriose Gesetze, http://freunde.imperium.de/gansel/law.htm

Frauenprügel

In *Arkansas* darf ein Ehemann seine Frau schlagen, allerdings nicht öfter als ein Mal im Monat. In *Los Angeles, Kalifornien*, darf jeder Mann seine Frau mit einen Lederriemen schlagen, vorausgesetzt, der Riemen ist nicht breiter als 2 Inches; benutzt er einen breiteren Riemen, bedarf es der vorherigen Erlaubnis der Ehefrau.

Vgl. *Gansel*, Kuriose Gesetze, http://freunde.imperium.de/gansel/law.htm

Friseur

Friseure, die in *Lake Hart, Indiana*, Kindern androhen, ihnen die Ohren abzuschneiden, machen sich strafbar.

Vgl. *Gansel*, Kuriose Gesetze, http://freunde.imperium.de/gansel/law.htm

Geschirrspülen

In *Oregon* sollten Sie sich einen Geschirrspüler zulegen. Denn ein etwas ältliches Gesetz bestimmt, dass es allen

Bürgern der Staates untersagt ist, Geschirr abzutrocknen: Das Geschirr muss nach dem Spülen an der Luft trocknen. In *Kansas* hingegen ist es illegal, mehr als acht Teller in einem Stapel übereinander zu schichten. Recht sinnvoll hingegen mutet eine Regelung in *Freeport (Illinois)* an, wo die Gemeinde es ihren Bürgern verboten hat, Geschirr aus dem Fenster eines höher gelegenen Appartements oder aus dem zweiten Stock eines Hauses zu werfen.

Vgl. *Pelton*, Loony Laws, S. 18 ff.

Gottesdienst

In *Georgia* ist es ungesetzlich, einem *Gottesdienst* ohne ein geladenes Gewehr beizuwohnen.

Vgl. *Gansel*, Kuriose Gesetze, http://freunde.imperium.de/gansel/law.htm

Hamburger

In *Oklahoma* ist es verboten, ein Stück aus dem *Hamburger* eines Fremden herauszubeißen.

Vgl. *Gansel*, Kuriose Gesetze, http://freunde.imperium.de/gansel/law.htm

Hausversand

Das Versenden eines kompletten Gebäudes mit der Post wurde in den *Vereinigten Staaten* 1916 verboten, nachdem ein Mann ein 40 000-Tonnen-Ziegelhaus per Post quer durch Utah verschickt hatte. Er wollte auf diese Weise die (noch höheren) Transportkosten vermeiden.

Vgl. *Crombie/van Helsing*, Die kuriosesten Gesetze der Welt, S. 75.

Hauswirtschaftsregeln

Gefängnisstrafe droht einer *kalifornischen* Hausfrau, die ihr Staubtuch nach dessen Benutzung nicht kocht. Haben Sie vor, in *Jackson (Mississippi)* in ihrem Haus ein Feuer zu entfachen, so müssen Sie zuerst das Dach abnehmen. Übrigens: In *Rumford (Maine)* dürfen Sie als Mieter Ihren Vermieter nicht beißen.

Vgl. *Lindsell-Roberts*, Loony Laws + Silly Statutes, S. 20.

Heiratsfreuden

Es ist in *Kentucky* verboten, den gleichen Mann vier Mal zu heiraten. In *Tennessee* ist es einem Mann untersagt, sich von seiner Frau scheiden zu lassen, es sei denn, er hinterlässt ihr getrocknete Bohnen, 5 Pfund getrocknete Äpfel, eine Fleischkeule und genug Garn, damit sie sich für den Zeitraum eines Jahres Kniestrümpfe stricken kann. In *Michigan* gehört dem Ehemann die Bekleidung seiner Frau. In *Virginia* darf ein Ehemann seine Ehefrau nur beschimpfen oder verbal belästigen, wenn er es mit einer ruhigen, tiefen Stimme tut.

Vgl. *Lindsell-Roberts*, Loony Laws + Silly Statutes, S. 36 f.

Hochzeitstag

In *Oblong, Illionis*, steht es unter Strafe, am *Hochzeitstag* mit seiner Frau zu schlafen, vorausgesetzt, man befindet sich dabei auf einem Jagd- oder Angelausflug.

Vgl. *Gansel*, Kuriose Gesetze, http://freunde.imperium.de/gansel/law.htm

Hundeschutz

Als Hund sollte man am besten im *Oklahoma* leben: Dort ist es ungesetzlich, einem Hund hässliche Grimassen zu schneiden.

Vgl. *Pelton*, Loony Laws, S. 32.

Indianerdiskriminierung

In *Wallis (Oregon)* ist es für Indianer verboten, ein Pferd zu kaufen, das jünger als 7 Jahre alt ist. In *North Dakota* war es lange Zeit noch legal, aus einem Planwagen heraus auf *Indianer* zu schießen.

Vgl. *Pelton*, Loony Laws, S. 16 und *Gansel*, Kuriose Gesetze,
http://freunde.imperium.de/gansel/law.htm

Jagdrecht

Das *deutsche* Jagdrecht verbietet es unter anderem, seltenes Wild zu fotografieren oder zu filmen und es dadurch zu beunruhigen. Der Abschuss desselben Wildes ist dagegen unter den entsprechenden waidmännischen und jagdrechtlichen Voraussetzungen erlaubt. (Logischerweise darf dann das tote Wild auch fotografiert werden. Man muss das arme Tier also erst einmal erschießen, um es ablichten zu dürfen.) In *Tennessee* ist es illegal, aus einem fahrenden Auto heraus Jagd auf Wild zu machen. Aber keine Regel ohne Ausnahme: Auf *Wale* darf man trotzdem feuern (falls man ihnen begegnen sollte).

Vgl. *Crombie/Van Helsing*, Die kuriosesten Gesetze der Welt, S. 61. Vgl. *Gansel*, Kuriose Gesetze, http://freunde.imperium.de/gansel/law.htm

Jugendarbeitsschutz

Indiana verbietet es Kindern, an Sonntagen zu arbeiten, es sei denn, sie sind jünger als 14 Jahre.

Vgl. *Pelton*, Loony Laws, S. 59.

Katze

In *Sterling, Colorado*, muss eine frei laufende Katze Rückstrahler tragen.

Vgl. *Gansel*, Kuriose Gesetze, http://freunde.imperium.de/gansel/law.htm

Kirche

In *Massachusetts* ist es verboten, in der Kirche Erdnüsse zu konsumieren. Rennpferden ist es in *Spokane (Washington)* verboten, eine religiöse Zusammenkunft zu unterbrechen. In *Kentucky* ist es strikt untersagt, während eines Gottesdienstes »ein Reptil zu benutzen«. In *Omaha* ist es illegal, in der Kirche zu rülpsen oder sich zu schnäuzen.

Vgl. *Lindsell-Roberts*, Loony Laws + Silly Statutes, S. 18 f., 79

Kondome

Im Jahre 1873 wurden in den *USA* alle empfängnisverhütenden Mittel verboten, nicht aber die Kondome. Diese wurden als Infektionsschutz definiert, galten daher als Medizin und wurden der Bundesverwaltung für Lebensmittel und Drogen unterstellt. Sie durften nur mit der

Aufschrift verkauft werden: »*For disease prevention only*« (nur zur Ansteckungsverhinderung).

Vgl. *Haefs*, Handbuch des nutzlosen Wissens, S. 95.

Krawatte

Ein Gesetz in *Frankfort (Kentucky)* verbietet es ausdrücklich, einem Polizisten die Krawatte abzuschießen.

Gansel, Kuriose Gesetze, http://freunde.imperium.de/gansel/law.htm

Kussregularien

In *Iowa* darf man sich nicht länger als fünf Minuten küssen. In *Halethroe (Maryland)* darf kein Kuss länger als eine Sekunde dauern. In *Tulsa (Rhode Island)* sind Küsse über 3 Minuten verboten. In *Frankreich* ist es lediglich verboten, sich auf Bahnübergängen zu küssen. In *Pennsylvania* waren in den 30-er Jahren Filmküsse in horizontaler Lage verboten, in vertikaler Haltung dagegen erlaubt.

Vgl. *Gansel*, Kuriose Gesetze, http://freunde.imperium.de/gansel/law.htm. Vgl. *Zey*, Echt wahr, S. 175.

Lackschuhe

In *Cleveland (Ohio)* dürfen Frauen keine *Lackschuhe* tragen. Der Grund: Männer könnten in ihnen eventuell Reflexionen von etwas sehen, das sie eigentlich nicht sehen sollten.

Vgl. *Gansel*, Kuriose Gesetze, http://freunde.imperium.de/gansel/law.htm

Leichenschmaus

Trauernde in *Massachusetts* dürfen im Rahmen eines Leichenschmauses nicht mehr als drei Sandwiches essen.

Vgl. *Crombie/Van Helsing*, Die kuriosesten Gesetze der Welt, S. 91.

Löwen

Baltimore in Maryland untersagt das Mitbringen von *Löwen* ins Kino.

Vgl. *www.blunix.de*.

Missbrauch

Wer mit minderjährigen Mädchen schläft, erhält als Höchststrafe in *Maine (USA)* 500 Dollar Geldstrafe, in *New York* zehn Jahre Gefängnis, in *Kalifornien* 50 Jahre Freiheitsentzug, in *New Mexiko* 99 Jahre Zuchthaus und in *Delaware* die Todesstrafe.

Vgl. *Haefs*, Handbuch des nutzlosen Wissens, S. 121.

Moment

Im alten *England* war die Dauer *»eines Moments«* gesetzlich mit 1 1/2 Minuten gleichgesetzt.

Vgl. *Haefs*, Handbuch des nutzlosen Wissens, S. 122.

Motorrad

Personen jenseits der Altersgrenze von 88 Jahren ist es in *Idaho Falls* verboten, Motorrad zu fahren.

Vgl. *Gansel*, Kuriose Gesetze, http://freunde.imperium.de/gansel/law.htm

Mülleimer

In *Daytona Beach (Florida)* ist es untersagt, öffentliche *Mülleimer* sexuell zu belästigen.

Vgl. *Gansel*, Kuriose Gesetze, http://freunde.imperium.de/gansel/law.htm

Münzen

Auf *Hawaii* ist es untersagt, sich Münzen in die Ohren zu stecken.

Vgl. *Crombie/Van Helsing*, Die kuriosesten Gesetze der Welt, S. 12.

Nachthemd

Sämtliche Hotelbesitzer in *Haystings (Nebraska)* sind gesetzlich verpflichtet, jedem Gast ein sauberes und geplättetes *Nachthemd* zur Verfügung zu stellen. Keinem Paar, auch keinem verheirateten, ist es gestattet, nackt miteinander zu verkehren. Sex ist erst legal, *nachdem* man sich diese sauberen, weißen Baumwoll-Nachthemden angezogen hat.

Vgl. *Gansel*, Kuriose Gesetze, http://freunde.imperium.de/gansel/law.htm

Nickerchen

Einem alten *russischen* Gesetz zufolge muss ein Zug anhalten, wenn sich entlang der Trasse ein schlafender Mensch befindet. Der Zug muss dann so lange warten, bis dieser sein *Nickerchen* beendet hat.

Vgl. *Gansel*, Kuriose Gesetze, http://freunde.imperium.de/gansel/law.htm

Nüchternheit

In *Kansas* gilt jeder nach dem Gesetz so lange als nüchtern, bis er (oder sie) nicht mehr aufrecht stehen kann.

Vgl. *Zey*, Echt wahr, S. 52.

Opferunterrichtung

Ein erst kürzlich in *Texas* verabschiedetes Gesetz zur Verbrechensbekämpfung verlangt von jedem Kriminellen, sein *Opfer* mindestens 24 Stunden vor der Tat entweder mündlich oder schriftlich von der Natur des geplanten Verbrechens zu *unterrichten*.

Vgl. *Gansel*, Kuriose Gesetze, http://freunde.imperium.de/gansel/law.htm

Orangenschale

In *Kalifornien* ist es ungesetzlich, in einem Hotelzimmer eine Apfelsine zu schälen.

Vgl. *Lindsell-Roberts*, Loony Laws + Silly Statutes, S. 27.

Pferde

In *Fort Lauderdale (Florida)* müssen alle Pferde mit einer Hupe und einem Abblendlicht ausgerüstet sein. In *Marshalltown (Iowa)* ist es für ein Pferd ungesetzlich, an einem Feuerhydranten zu fressen. In *Fountain Inn (South Carolina)* müssen alle Pferde in der Öffentlichkeit Unterhosen tragen. In *New York City* kann mit einer Freiheitsstrafe belegt werden, wer in der Gegenwart eines Pferdes seinen Schirm öffnet. In *Vermont* darf man nur mit einer staatlichen Lizenz *Pferde-Urin* verkaufen.

Vgl. *Lindsell-Roberts*, Loony Laws + Silly Statutes, S. 55 f.

Pferdefuhrwerk

In *Pennsylvania* gilt ein Gesetz, wonach ein Autofahrer, dem ein *Pferdefuhrwerk* begegnet, seinen Wagen von der Straße nehmen und mit einer Plane zudecken muss, die der Umgebungsfarbe entspricht. Sollten die Pferde weiterhin störrisch reagieren, muss er sein Auto demontieren und die Teile unter Büschen verstecken.

Vgl. *www.blunix.de.*

Pilotenmelone

In *Leadbood (Missouri)* ist es *Piloten* verboten, während des Flugs Wassermelone zu essen.

Vgl. *Gruber*, Focus 45/1999, S. 362.

Pralinen-Pflicht

In *Idaho* verstößt man als Mann gegen das Gesetz, wenn man seiner Angebeteten eine *Pralinenschachtel* überreicht, die weniger als 50 Pfund wiegt.

Vgl. *Gansel*, Kuriose Gesetze, http://freunde.imperium.de/gansel/law.htm

Prostitutionsverbot

In *Italien* dürfen Frauen, die auf den Namen »Maria« getauft wurden, nicht als Prostituierte arbeiten.

Vgl. *Crombie/Van Helsing*, Die kuriosesten Gesetze der Welt, S. 77.

Restaurant-Regelungen

In *North Dakota* dürfen Bier und Brezeln nicht zur selben Zeit in einem Restaurant serviert werden. In *Tulsa (Oklahoma)* darf eine Mineralwasserflasche nur unter Aufsicht eines staatlich geprüften Ingenieurs geöffnet werden. Nach einem Gesetz des Staates *Nebraska* dürfen die Besitzer von Bars nur Bier ausschenken, wenn sie gleichzeitig einen Topf Suppe kochen.

Vgl. *Gansel*, Kuriose Gesetze, http://freunde.imperium.de/gansel/law.htm

Rote-Flaggen-Gesetz

Von 1836–1896 forderte das *»Rote-Flaggen-Gesetz«* in

England, dass vor jedem selbst angetriebenen Fahrzeug ein Mann ging, und zwar am Tag mit einer roten Flagge und in der Nacht mit einer roten Laterne. Das Gesetz beschränkte damit die Geschwindigkeit auf 6 km/h und verzögerte die Entwicklung aller selbst angetriebenen Fahrzeuge, einschließlich der Automobile.

Vgl. *Asimov*, Buch der Tatsachen, S. 199.

Rüstungsverbot

In *England* ist es Abgeordneten nicht gestattet, das Unterhaus in voller Rüstung zu betreten. Das gilt selbst für diejenigen, die von der Königin zum Ritter geschlagen worden sind.

Vgl. *Crombie/van Helsing*, Die kuriosesten Gesetze der Welt, S. 72.

Schlangenfraß

Kansas verbietet es seinen Bürgern, sonntags in der Öffentlichkeit Klapperschlangenfleisch zu essen.

Vgl. *Pelton*, Loony Laws, S. 26.

Seife

Ein Gesetz in *Mohavi County (Arizona)* verfügt, dass jeder, der beim Diebstahl von *Seife* ertappt wird, sich mit dieser zu waschen hat, bis diese verbraucht ist.

Vgl. *Peter*, Schlimmer geht's immer, S. 52.

Sexverbote

In *Premonton (Utah)* ist *Sex* im Notarztwagen während eines Rettungseinsatzes *verboten*. In *Harrisburg (Pennsylvania)* dürfen Fernfahrer in Kassenhäuschen von Mautstellen keinen Sex haben. In *Alexandria (Minnesota)* ist Sex zwischen Ehepartnern verboten, wenn der Mann Mundgeruch hat. In der *US-Hauptstadt Washington D.C.* ist beim Sex nur die Missionarsstellung erlaubt; alle anderen Positionen stehen unter Strafe.

Vgl. *Gruber,* Focus 45/1999, S. 362.

Sklaverei

»Weder *Sklaverei* noch unfreiwilliger Dienst, *wenn es nicht der Bestrafung von Verbrechen dient*, soll je in diesem Staat toleriert werden«, so lautete ein Artikel der Verfassung des Staates *Michigan* im Jahre 1850. Unbeabsichtigt legalisierte diese Formulierung die Sklaverei als geeignete Strafe für Verbrechen. Erst im Jahre 1963 wurde ein Komma umgestellt und so die Sklaverei in diesem Staat wieder ungesetzlich.

Vgl. *Asimov*, Buch der Tatsachen, S. 201.

Sonntagsblick

In *Detroit (Michigan)* ist es Männern gesetzlich verboten, ihre Frauen s*onntags* böse anzuschauen.

Vgl. *Gansel*, Kuriose Gesetze, http://freunde.imperium.de/gansel/law.htm

Sportgrenzen

In *New York* ist es ein Verbrechen, jemandem aus Spaß einen Ball an den Kopf zu werfen. In *Oregon* ist für Frauen das Ringen streng verboten. In *Globe (Arizona)* ist es ungesetzlich, mit einem Indianer auf der Straße Karten zu spielen. In *Long Beach (Kalifornien)* ist es verboten, auf einem Minigolfplatz zu fluchen. Auf dem Flußufersee in *Moline (Illinois)* ist es während der Sommermonate Juni bis August nicht gestattet, Schlittschuh zu laufen.

Vgl. *Crombie/Van Helsing*, Die kuriosesten Gesetze der Welt, S. 60.

Spuckbeschränkungen

In *Norfolk (Virginia)* ist das Bespucken von Seemöwen gesetzwidrig. In *Alabama* ist es grundsätzlich nicht erlaubt, in den Wind zu rotzen.

Vgl. *Crombie/Van Helsing*, Die kuriosesten Gesetze der Welt, S. 10.

Stachelschwein

In *Florida* ist es untersagt, sexuelle Beziehungen zu Stachelschweinen zu unterhalten.

Vgl. *Crombie/Van Helsing*, Die kuriosesten Gesetze der Welt, S. 52.

Tierliebe

In *Kalifornien* dürfen sich Tiere (einschließlich Pferde) im Umkreis von 1500 Fuß um eine Taverne, Schule oder einen Platz des Glaubens nicht öffentlich paaren. Die Strafe: 6 Monate Gefängnis und/oder 500 Dollar Bußgeld (der Wortlaut dieser Vorschrift macht nicht klar, ob das Tier die Strafe zu begleichen hat oder der Eigentümer).

Vgl. *Pelton*, Loony Laws, S. 15.

Todesstrafe

In *Alabama* kann man zur *Todesstrafe* verurteilt werden, wenn man eine Prise Salz auf Eisenbahnschienen streut.

Vgl. *www.blunix.de*.

Ufo

Bis in die 50-er Jahre war es in *Frankreich* für fliegende Untertassen illegal, in den Weinbergen zu landen.

Vgl. *Lindsell-Roberts*, Loony Laws + Silly Statutes, S. 90.

Vogel

In *Utah* haben Vögel auf öffentlichen Autobahnen das Recht der Vorfahrt. In *Vermont* ist es verboten, einen Vogel vorsätzlich aus einem Flugzeug heraus zu töten. In *Oklahoma* ist es illegal, aus einem öffentlichen Friedhof ein Vogelnest zu stehlen.

Vgl. *Lindsell-Roberts*, Loony Laws + Silly Statutes, S. 42.

Waffengesetze

Oklahoma verbietet es Personen eine Waffe zu tragen, es sei denn, das betreffende Individuum wird von einem Indianer gejagt. In *Kentucky* werden Sie strafrechtlich verfolgt, wenn Sie eine Schußwaffe abfeuern, die nicht geladen ist. In *Spades (Indiana)* ist es verboten, eine Dose mit Lebensmittelinhalt durch Aufschießen mit einem Revolver zu öffnen. In *New York City* darf man weder Vögel noch Kaninchen auf dem Friedhof jagen. In *Sapulpa (Oklahoma)* ist es illegal, Wild im Stadtpark zu erlegen.

Vgl. *Pelton*, Loony Laws, S. 68.

Weihnachtsausfall

Im Jahre 1647 schaffte das *englische* Parlament *Weihnachten* ab.

Vgl. *Haefs*, Handbuch des nutzlosen Wissens, S. 125.

Wochentakt

1929 erließt *Sowjetrussland* ein Gesetz, demzufolge die Woche künftig nur noch fünf Tage haben sollte, nahm es aber 1940 wieder zurück.

Vgl. *Haefs*, Handbuch des nutzlosen Wissens, S. 125.

Zahnarzt

Ein Zahnarzt in *South Foster (Rhode Island)* muss höllisch aufpassen: Sollte er aus Versehen den falschen Zahn ziehen, so kann er dadurch bestraft werden, dass er beim Dorfschmied antreten muss, um sich selbst den entsprechenden eigenen Zahn entfernen zu lassen.

Vgl. *Lindsell-Roberts*, Loony Laws + Silly Statutes, S. 59.

Zoo

In *Atlanta* ist es untersagt, eine Giraffe an eine Telefonzelle oder an eine Straßenlampe anzubinden. In *Arkansas* ist es illegal, Kühen auf öffentlichen Autobahnen die Augen zu verbinden. In *Miami* ist es untersagt, Alligatoren zu belästigen. Es ist illegal, in *Zion (Illinois)* einem Hund, einer Katze oder irgendeinem anderen Haustier eine angezündete Zigarre anzubieten. In *Kalifornien* dürfen nicht mehr als 2000 Schafe gleichzeitig den Hollywood Boulevard heruntergetrieben werden. Auf dem Flughafengelände von *Bourbon (Mississipi)* dürfen keine Schildkrötenrennen abgehalten werden. Strengstens verboten ist es in *North Carolina*, Elefanten zum Umpflügen von Baumwollfeldern einzusetzen.

Vgl. *http://www.123recht.net* und *Lindsell-Roberts*, Loony Laws + Silly Statutes, S. 44 ff.

§ 6
Die stärksten Zitate

Abstumpfung
»Man bemerkt, daß strenge Gesetze sich sehr bald abstumpfen, und nach und nach loser werden, weil die Natur immer ihre Rechte behauptet.«
Goethe, Wilhelm Meisters Wanderjahre, 3. Buch, 11. Kapitel (A 8 S. 430)

Anwaltskosten
»Nichts macht die Menschen so unerträglich, wie das Bewußtsein, genug Geld für einen guten Rechtsanwalt zu haben.«
Richard Widmark

Aufteilung
»Es gibt ein unfehlbares Rezept, eine Sache gerecht unter zwei Menschen aufzuteilen: Einer von ihnen darf die Portionen bestimmen, und der andere hat die Wahl.«
Gustav Stresemann

Auslegung
»Im Auslegen seid frisch und munter!
Legt ihr's nicht aus, so legt was unter.«
Goethe, Zahme Xenien (A 1 S. 618)

Auster
»Es ist leichter, ohne Messer eine Auster zu öffnen als den Mund eines Anwalts ohne Honorar.«
Gartin Holyday

Beamte
»Mit schlechten Gesetzen und guten Beamten läßt sich immer noch regieren. Bei schlechten Beamten helfen uns die besten Gesetze nichts.«
Otto von Bismarck

Bibliotheken
»Drei berichtigende Worte des Gesetzgebers, und ganze Bibliotheken werden zu Makulatur.«
von Kirchmann

Bigamie
»*Bigamie ist das Musterbeispiel unsozialen Verhaltens: Sie bringt die Scheidungsanwälte um ihr Honorar.*«
George Cox

Bremswirkung
»*Überflüssige Gesetze tun den Notwendigen an ihrer Wirkung Abbruch.*«
Montesquieu

Christ
»*Guter Jurist, böser Christ.*«
Sprichwort, Autor unbekannt

Ehe
»*Die Ehe ist die vielleicht seltsamste Mischung von Biologie und Jurisprudenz.*«
Kurt Höbel

Gedanken
»*Gedanken sind straffrei.*«
Ulpian, dig. 48, 19, 19

Gedicht über Juristen
»*Wenn unter Eid du hast geheuchelt,*
wenn Frau und Kind du hast gemeuchelt,
wenn du gern die Pistole zückst,
noch lieber Heroin du drückst,
wenn du, von bösem Geist gelenkt,
den Nachbarn in die Luft gesprengt,
wenn du, wo du gerade gehst und stehst,
gern einen Massenmord begehst,
du also in des Lebens Frist
ein möglichst großer Drecksack bist,
der sich um kein Gesetz nicht schert,
das ist schon einen guten Anwalt wert!«
Autor unbekannt

Gerechtigkeit
»Wenn der Haß feige wird, geht er maskiert in Gesellschaft und nennt sich Gerechtigkeit.«
Arthur Schnitzler

Gesetzeslücken I
»Das Studium der Gesetzeslücken ist rentabler als andere Künste.«
Emanuel Birnbaum

Gesetzeslücken II
»Merkwürdigerweise sind Gesetzeslücken so beschaffen, daß die Großen leichter durchschlüpfen können als die Kleinen.«
Ralph Boller

Gesetzesstudium
»Wenn man alle Gesetze studieren sollte, so hätte man gar keine Zeit, sie zu übertreten.«
Goethe

Gesetzgeber
»Der Gesetzgeber ist nichts anderes als eine ans Ruder gekommene Interessengruppe, die von einer Weltanschauung geprägt ist und gar nicht anders kann, als Gesetze von ihrem Geist zu machen.«
Egon Schneider

Gift
»Gift ist eine von Frauen bevorzugte Mordwaffe; es weckt die Kinder nicht auf.«
Anonym, zit. n. Tange, Zitatenschatz für Juristen, S. 18

Gleichheit
»Die Gleichheit ist das durch Verfassung garantierte Recht der Reichen und Armen, in Champagner zu baden und den Winter an der Riviera verbringen zu dürfen.«
Leo Z. Rosten

Heirat

»Die Heirat ist die einzige lebenslängliche Verurteilung, bei der man aufgrund schlechter Führung begnadigt werden kann.«

Alfred Hitchcock

Juristen

»Wenn es keine schlechten Menschen gäbe, gäbe es keine guten Juristen.«

Charles Dickens

Kürze

»Eine Gesetz muß kurz sein, damit es von Unkundigen desto leichter behalten werde.«

Seneca, Episteln 94

Macht

»Jeder hat so viel Recht, wie er Macht hat.«

Spinoza, Politischer Traktat II, 8

Manager

»Wahre Manager haben für jedes Problem eine Lösung; richtige Juristen haben für jede Lösung ein Problem.«

Jean Blum

Morde

»Zweifellos hat es perfekte Morde gegeben. Der beste Beweis dafür ist ja gerade die Tatsache, daß man nichts von ihnen weiß.«

Alfred Hitchcock

Netz

»Das Gesetz ist nur ein Netz, mit dem versucht wird, die vielfältigen Lebensvorgänge einzufangen. Gar vieles bleibt darin hängen und ist damit ›rechtlich geordnet‹. Viel, vielleicht noch mehr, rutscht aber durch die Maschen. Es läßt sich auch nicht mit dem groben Netz des Gesetzes fangen. Hier muß der Jurist *versuchen, die Maschen enger zu ziehen. Er spricht in solchen Fällen von ›Lücken des Gesetzes‹.«*

Egon Schneider

Prozess

»Vor dem Gesetz sind alle gleich, aber nicht in den Prozessen.«

Hugo Olaerts

Recht

»Das Recht hat die merkwürdige Eigenschaft, daß man es behalten kann, ohne es zu haben.«

Joseph Unger

Rechtsanwälte

»Das Recht ist ein ungenaues Instrument, daher Rechtsanwälte. Es befindet zugunsten, oder eben auch nicht, wobei die Wahrheit so weit wie möglich ausgeschlossen wird. Die neigt dazu, die Dinge zu komplizieren.«

George Peppard

Richter

»Wir verachten den Pfarrer, der gegen seine Überzeugung predigt, aber wir verehren den Richter, der sich durch sein widerstrebendes Rechtsgefühl in seiner Gesetzestreue nicht beirren läßt.«

Gustav Radbruch, (Lehrbuch der Rechtsphilosophie, 1932)

Scheidungsanwalt

»Der Scheidungsanwalt ist ein Mann, der zwei Leute überredet, sich ihrer Kleider zu entledigen und miteinander zu kämpfen, und der inzwischen mit den Kleidern davonläuft.«

Autor unbekannt

Selbsthilfe

»Alle positiven Gesetze sind nur ein mangelhafter Versuch, die Selbsthilfe der Individuen gegeneinander zu verhüten.«

Goethe, zu Caroline Freifrau von Egloffstein am 29.4.1818 (C 3,1 S. 58 ff.)

Staatsanwalt
>*»Nur Amateure finanzieren die Werbung selbst, Profis benutzen dafür kostenlos den Staatsanwalt.«*
>Jean Genet

Strafjustiz
>*»Wie viele Verurteilungen habe ich nicht gesehen, welche strafbarer als das Verbrechen gewesen sind.«*
>Michel de Montaigne

Unrecht
>*»Unrecht gewinnt oft Rechtscharakter dadurch, daß es häufig vorkommt.«*
>Berthold Brecht

Schlusswort

Lieber Leser. Anstelle eines Schlusswortes möchte ich eine Passage aus *Piero Calamandreis »Lob der Richter«* (dt. Ausgabe, München 1956, S. 216ff.) zitieren, in der Hoffnung, man möge den Juristen hinterher doch noch Gutes zutrauen:

»Zu den liebsten Erinnerungen aus meiner langen Anwaltserfahrung zählt die an einen inzwischen verstorbenen Gerichtspräsidenten; er empfinde, gestand mir dieser einmal, nachdem er vierzig Jahre sein Richteramt ausgeübt, noch immer die gleiche Erschütterung und Ängstlichkeit wie bei seiner ersten Urteilsfällung. Vierzig Jahre Richtertätigkeit hatten ihn in seiner Auffassung bestärkt, daß Gerechtigkeit nicht Gefühllosigkeit bedeutet; und daß der Richter, um gerecht zu sein, nicht unbarmherzig zu sein braucht. Gerechtigkeit heißt verstehen; den unmittelbaren Weg zum Verstehen der Menschen aber erschließt das Mitgefühl.

Dieser Richter führte einmal in einer Strafverhandlung vor einem Oberlandesgericht den Vorsitz. Es handelte sich um den Fall eines Dienstmädchens, das von seiner Herrin beschuldigt worden war, ein silbernes Besteck gestohlen zu haben. Vom Gericht war es freigesprochen worden, aber der Vertreter des öffentlichen Interesses hatte appelliert. In der Berufungsverhandlung wütete nun der Vertreter des öffentlichen Interesses erneut gegen die Angeklagte, die, auf der Anklagebank zusammengesunken, leise vor sich hinweinte. Während der Ankläger noch in seinen Schmähungen fortfuhr, sah man plötzlich, wie der Präsident den Gerichtsdiener rief und ihm halblaut einen Auftrag gab; dieser näherte sich der Angeklagten und flüsterte ihr etwas ins Ohr; darauf hörte sie zu weinen auf und trocknete ihre Tränen.

Das Publikum, welches der Verhandlung beiwohnte, sah die Szene, begriff aber nicht ihren Sinn. Als die Debatte geschlossen war und der Gerichtshof sich zur Beratung zurückgezogen hatte,

näherte ein Zuschauer sich dem Gerichtsdiener und fragte ihn, was der Präsident von ihm gewollt habe. Und der Gerichtsdiener antwortete: ›Geh zu der Frau und sag ihr, sie soll nicht mehr weinen, denn wir werden sie freisprechen.‹
Dieser Richter verletzte das Geheimnis des Beratungszimmers; aber er wußte die Gesetze der Menschlichkeit zu achten. Denn die Menschlichkeit gebietet, daß man nicht einer pharisäerhaften Befolgung grausamer Formalitäten zuliebe den Schmerz des Unschuldigen verlängere.«

Ausgewählte Literatur

Adron, Lutz, Merkwürdiges von A-Z, Weltbildverlag, Augsburg 1990

Asimov, Isaak, Buch der Tatsachen, New York/Bergisch Gladbach, 5. Aufl. 1991

Ballhaus, Edmund, Die Paragraphenreiter, C. H. Beck, München 1997

Bergmann, Thomas, Giftzwerge – Wenn der Nachbar zum Feind wird, C. H. Beck Verlag, München 1992

Blundell, Nigel, Die größten Irrtümer der Welt, Knaur, München 1986

Bundesminister für Arbeit und Sozialordnung, Es begann in Berlin – Bilder und Dokumente aus der deutschen Sozialgeschichte, Bonn 1987

Bürgerliches Gesetzbuch, Faksimileausgabe anläßlich der Verkündung des BGB vor 100 Jahren, C. H. Beck, München 1996

Crombie, David / van Helsing, Falk, Pfeifen unter Wasser streng verboten – die kuriosesten Gesetze der Welt, Eichborn, Frankfurt/Main 2000

Das neue Guinnessbuch der Rekorde 1995, Ullstein, 1995

Fuhrmann, Manfred / Liebs, Detlef, Römische Rechtstexte, dtv, München 1988

Gruhle, Uwe, Das neue Lexikon der Niederlagen, Eichborn, Frankfurt/Main, 12. Aufl. 1990

Guinness Book of World Records 1991, Bantam, New York u. a. 1991

Guinness Book of World Records 2001, Guinness-Verlag, Deutsche Ausgabe 2001

Günther, Jörg-Michael (Hrsg.), BGB in Reimen, Eichborn, Frankfurt/Main 1994

Günther, Jörg-Michael, Der Fall Struwwelpeter, Eichborn, Frankfurt/Main 1989

Haefs, Hanswilhelm, Handbuch des nutzlosen Wissens, dtv, München, 5. Aufl. 1990

Hartston, William, Das Lexikon der Zahlen, Knaur, München 1999

Köhler, Helmut, Üb immer Treu und Redlichkeit, Verlag C. H. Beck, 2. Aufl. München 1987

Köhler, Peter / Schaefer Thomas, Recht so! Ein Lesebuch zur Justiz, Verlag C. H. Beck, München 1997

Krämer, Walter / Schmidt, Michael, Das Buch der Listen, Eichborn, Frankfurt/Main 1997

Krämer, Walter / Trenkler, Götz, Lexikon der populären Irrtümer, Piper Verlag, München/Zürich 1998

Lenz, Karl-Friedrich, Das Ungewöhnlichste im Recht, Beck-Rechtsberater im dtv, München 1991

Lindsell-Roberts, Sheryl, Loony Laws + Silly Statutes, Sterling, New York 1994

Parkinson, Northcote, Parkinsons neues Gesetz, Rowohlt Verlag, Reinbek bei Hamburg 1984

Pelton, Robert Wayne, Loony Laws, Walker and Company, New York 1990

Peter, Laurence / Hull, Raymond, Das Peter-Prinzip, Rowohlt Verlag, Reinbek bei Hamburg 1972

Peter, Laurence, Die Peter-Pyramide, Rowohlt Verlag, Reinbek bei Hamburg 1990

Peter, Laurence, Schlimmer geht's immer, Rowohlt Verlag, Reinbek bei Hamburg 1994

Pile, Stephen, Nieten ohne Ende, Knaur Verlag, München 1993

Schneider, Egon, Recht und Gesetz: Die Welt der Juristen, Verlag für die Rechts- und Anwaltspraxis, Herne/Berlin, 3. Aufl. 1992

Schönke, Adolf / Schröder, Horst, Strafgesetzbuch (Kommentar), 25. Aufl., C. H. Beck, München 1997

Shaw, Karl, Das Lexikon der Geschmacklosigkeiten, Heyne, München, 2. Aufl. 2001

Tange, Ernst Günther, Vom Vergnügen, Recht zu haben – Zitatenschatz für Juristen, Eichborn, Frankfurt/Main, 1992

Teubner, Ernst, Teubner's satirisches Rechtswörterbuch, Verlag Otto Schmidt, Köln, 2. Aufl. 1992

Welser, Rudolf, Grammophon ist kein Vorname, Piper Verlag/Verlag orc, München/Wien 1995

Wesel, Uwe, Fast alles, was Recht ist: Jura für Nicht-Juristen, Eichborn, Frankfurt/Main 1994

Willen, Günther (Hrsg.), Alle lieben Juristen, Lappan, Oldenburg 1999

Zey, René, Echt wahr! – 2500 Antworten auf nie gestellte Fragen, Ullstein, Berlin 1999

»... zum Schreien komisch«
Freie Presse

David Crombie
Falk van Helsing
**Pfeifen unter Wasser
streng verboten**
Die kuriosesten Gesetze der Welt
96 Seiten · broschiert
€ 7,95 (D) · sFr 14,–
ISBN 3-8218-2470-0

Auch unter Gesetzgebern gilt: Es gibt nichts, was es nicht gibt. Im US-Staat Vermont macht sich strafbar, wer unter Wasser ein Liedchen pfeift; in Kalifornien ist es verboten, Kinder am Überspringen von Pfützen zu hindern, und in Florida dürfen Ehemänner nicht die Brüste ihrer Frau küssen.
Wer außerdem noch wissen will, wo man besser keine Seemöwen bespucken und Elche aus fliegenden Flugzeugen stoßen sollte, liegt mit dieser vergnüglichen Sammlung absurder Gesetze aller Zeiten und Länder goldrichtig.

Kaiserstraße 66
60329 Frankfurt
Telefon: 069 / 25 60 03-0
Fax: 069 / 25 60 03-30
www.eichborn.de
Wir schicken Ihnen gern ein Verlagsverzeichnis.